课程治理新范式丛书
杨四耕 丛书主编

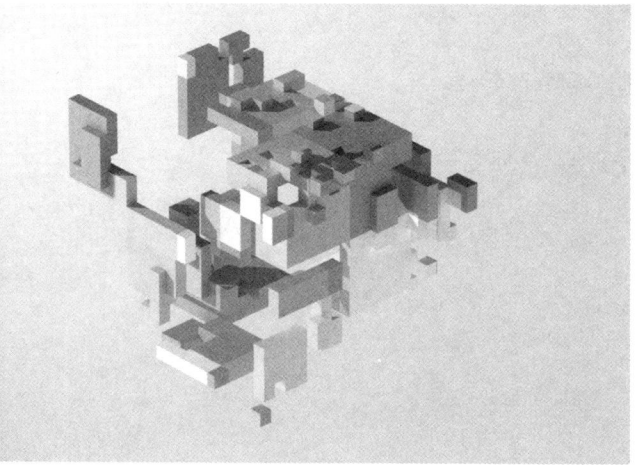

刘菲菲 雷 明◎主编

共享式课程治理
集团化办学的课程治理方略

华东师范大学出版社
·上海·

图书在版编目(CIP)数据

共享式课程治理:集团化办学的课程治理方略/刘菲菲,雷明主编. —上海:华东师范大学出版社,2024
(课程治理新范式丛书)
ISBN 978-7-5760-5004-2

Ⅰ.①共… Ⅱ.①刘…②雷… Ⅲ.①课程改革-教学研究-小学 Ⅳ.①G622.3

中国国家版本馆 CIP 数据核字(2024)第 102649 号

课程治理新范式丛书
共享式课程治理:集团化办学的课程治理方略

丛书主编　杨四耕
主　　编　刘菲菲　雷　明
责任编辑　刘　佳
项目编辑　林青荻
特约审读　汤丹磊
责任校对　王丽平
装帧设计　卢晓红

出版发行　华东师范大学出版社
社　　址　上海市中山北路3663号　邮编 200062
网　　址　www.ecnupress.com.cn
电　　话　021-60821666　行政传真 021-62572105
客服电话　021-62865537　门市(邮购)电话 021-62869887
地　　址　上海市中山北路3663号华东师范大学校内先锋路口
网　　店　http://hdsdcbs.tmall.com/

印 刷 者　上海商务联西印刷有限公司
开　　本　787毫米×1092毫米　1/16
印　　张　15.5
字　　数　143千字
版　　次　2024年7月第1版
印　　次　2024年7月第1次
书　　号　ISBN 978-7-5760-5004-2
定　　价　52.00元

出 版 人　王　焰

(如发现本版图书有印订质量问题,请寄回本社客服中心调换或电话 021-62865537 联系)

编 委 会

主　编：刘菲菲　雷　明

副主编：简丽梅　唐玲娟　贾佳婷　林志仁
　　　　　宋毅萍　张　文　戴灿军　刘　勤

编　委：李　鑫　黄　杰　张　平　蒋　清　梁　琴
　　　　　罗　娟　邹　宁　杨文娟　周熠宇　孟　丽
　　　　　余　畅　彭兆宁　李　丹　潘　植　刘　灿
　　　　　秦　兰　杨　芬　李诗婧　白斯昕　唐剑凌
　　　　　李露屏　田　霜　彭　焰　黄比娜　苏　佳
　　　　　刘心瑜　叶紫鑫　张　艳　夏景英　张　雷
　　　　　雷　佳　杨　姣　胡灵娟　佘　祎　丁　丹
　　　　　杨亲云　刘　彤　黄晓宇　付　佩　黎　明
　　　　　付　帆　左　明　龚　晶　龙祖琼　钟　菲
　　　　　粟一寒　段风博　侯玉芳　侯　瑛　龚　玲
　　　　　陈丽媛　郭志臻　李冰洁　黄素素　胡　铄
　　　　　姚　蓝　杨洪霞　罗斯琦　徐雪松　刘紫艳
　　　　　龙婧瑶　向亚玲

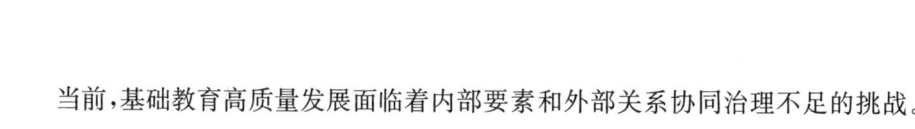

丛书总序

当前,基础教育高质量发展面临着内部要素和外部关系协同治理不足的挑战。面对复杂多变的环境,区域课程改革要推动职能创新,全面提高治理能力。

从空间社会学角度看,区域是物质空间、精神空间和社会空间的合体,内含关系、权力、情感、价值等诸多空间形态。区域课程改革是以特定区域为空间,由教育主管部门统筹组织实施的,以课程改革推动区域内学校发展,促进区域教育高质量发展的关系、权力、情感和价值运作体系;协同治理是强调治理主体多元化、治理方式协作化、治理目标一致化和治理行为一体化的治理体制。因此,区域课程改革协同治理是立足特定区域范围,由区域教育主管部门组织多元治理主体,依据相关价值理念和制度规范,通过多种方式对区域课程改革进行统筹治理、达到一体化治理要求的任务组合与要素协同。

区域课程改革基于区域发展需求,在区域内通过政策推动、专业引领、机制保障,落实国家课程治理体制,促使区域内各校推进国家课程方案落实。从纵向来看,有利于构建多层协同治理机制,形成区域课程改革合力;从横向来看,有利于构建多元协同工作机制,形成分工合理的协同育人格局。区域课程改革是强化课程改革国家意志的重要方法,是课程治理国家体制的场域实践。为此,"课程治理新范式丛书"聚焦以下基本问题。

一是区域课程改革协同治理的现实问题研究。区域课程改革协同治理水平决定着区域教育质量的高低。当前,国家、地方、学校三级课程管理更多地指向三类课程设置,国家、地方、学校在课程治理中的地位、权限及逻辑关系还不够明晰。伴随着《义务教育课程方案(2022年版)》和各学科课程标准(2022年版)落地,课程改革出现理念言说对标化、形态门类丰富化、主体介入多元化、技术运用智能化之格局,但不少区域课程治理还存在着理念理解失偏、系统设计失察、方法运用失当、主体参与失律、部门协同失调、行动推进失效等问题，未能建立一体化区域课程改革治理体系和专业规范，这不仅制约着义务教育课程方案和课程标准的落地，还影响了区域教育高质量发展。

二是区域课程改革协同治理的价值定位研究。在新课程背景下，区域课程改革是国家课程改革赋权的结果，是国家主导与统筹、多级分工与协同、标准规约与多样特色相结合的课程协同治理实践。区域课程改革是强化课程治理国家体制的重要方法，是课程的政治治理与专业治理协同共进的价值定位和场域选择。构建多元协同治理体制，是区域课程改革的基本立场，是落实新时代国家课程治理体制的基本路径，是区域课程改革协同治理的价值定位。换言之，区域课程改革是在政府统筹基础上多层参与治理体系的重要环节，是彰显国家课程治理主导地位的重要场域。

三是区域课程改革协同治理的路径设计研究。区域课程改革是融合"区域—学校—教研组—教师—学生"等课程治理主体、事件和活动的系统运作过程。区域课程改革协同治理有"自上而下""自下而上""平行共治"三种基本路径。不管是哪一种治理路径都有其优缺点。取长补短、聚焦质量，是区域课程改革协同治理路径设计的实践智慧。作为区域课程改革的主要参与力量，国家、区域、学校、教师和学生是课程协同治理的在场者，政府、学校、社会和家庭共同构成了区域课程改革协同治理主体。课程治理要素的合理组合，可以形成聚焦高质量发展的区域课程改革协同治理模式。

四是区域课程改革协同治理的机制建构研究。多主体参与课程治理，包含基于统筹协调的行政主体、基于民主协商的教师主体、基于家校合作的家长主体、基于社会发展的多方主体和基于智力资源的专家主体。多主体适时、合理、有序介入课程改革，是区域课程改革协同治理的标志。在新课程背景下，聚焦教育高质量发展的区域课程改革协同治理，需要借助决策机制，建立共同协商的课程治理文化；需要完善动力机制，赋予可持续发展的课程治理动能；需要建立协同机制，建设多主体合作的课程治理架构；需要巧用监控机制，制订高质量运行的课程治理标准；需要运用迭代机制，落实转换性进阶的课程治理创新；需要设计研修机制，建立跟踪性指导的课程治理系统。

五是区域课程改革协同治理的策略凝练研究。区域课程改革协同治理可采取以德治理与依法治理协同、民主治理与集中统一治理协同、内部治理与外部治理协同、全面治理与专项治理协同、横向治理与纵向治理协同等方式。在区域课程改革治理过程中，可根据治理的问题难度、治理的主体组合、治理的过程复杂性等，采取灵活多样的协同治理策略，实现课程治理方式的优化组合与功能互补，推进教育高质量发展。

总之，区域课程改革是一种理念、路径、机制和方法，是从区域层面强化课程改革国家意志、落实课程治理国家体制的价值理念、关键路径与重要方法，对于基础教育高质量发展有重要意义。

杨四耕

2023 年 7 月 21 日于上海市教育科学研究院

目 录

前言　集团化办学的课程治理方略　/1

第一章　课程治理的情境性　/1

　　学校课程治理是在特定时空范围内的行动,需要管理者在对学校、社会、教师、学生等多重课程情境要素分析的基础上,保持清醒的课程情境意识,把握课程的情境因素,最终达成课程的情境期待,提高学校课程的整体治理水平。

"放歌式课程":让每一个儿童在这里仰天放歌　/4

　　第一节　以湖之生态映教育之模样　/5
　　第二节　让天性在校园中飞扬　/9
　　第三节　做仰天放歌的中国人　/12
　　第四节　给予一泓灵动碧波　/16
　　第五节　向更深更远处漫溯　/21

第二章　课程治理的时代性　/39

　　课程具有鲜明的时代性。推进课程治理现代化,要按照课程的时代属性,体现时代精神、时代气息、时代风范、时代态度。确立学校的课程理念要从时间与空间的维度把握时代特质,凸显时代精神;设计课程内容要有时代气息,要注重课程内容与生活的联系;课程实施要有时代风范,要创新学习方式,激发学生学习热情;课程评价要有时代态度,体现生长和发展的特点。

"@未来课程":与世界对话　为未来赋能　/ 41

第一节　向着未来生长　/ 42
第二节　有爱、有力、有光的现代人　/ 46
第三节　拓宽未来学习空间　/ 49
第四节　让儿童奔跑在未来的路上　/ 56

第三章　课程治理的文化性　/ 77

课程治理必须挖掘学校独特的文化内涵,让学生拥有在地归属感和自豪感。在课程实施过程中,我们需要不断激发学生的文化意识,引导他们参与文化传承与创新;不断加强知识体系与文化因素的有机融合,提升学生核心素养,滋养学生文化内涵,让学生成长为有文化自信的人。

"攀登号课程":给予儿童向上攀登的力量　/ 80

第一节　传承向下扎根的文化　/ 81
第二节　引领生命成长的方向　/ 84
第三节　设计向上攀登的阶梯　/ 88
第四节　到达生命成长的高峰　/ 95

第四章　课程治理的目标性　/ 107

　　学校课程治理指向何种价值共识,关系到学校课程设置的目标选择。就学生的发展而言,学校课程不仅要满足学生的生存需要,还要满足真善美的精神自由发展需要和人格尊严发展需要,从而形成具有连贯性和明确性的学生发展目标。学校课程治理应当立足于目标性,把对学生全面发展的要求具体化、细致化、可行化。

"桂花树下课程":让每一个孩子绽放生命的芬芳　/ 110

　　第一节　让生命成为芬芳的诗句　/ 111
　　第二节　让儿童成为内心芬芳的人　/ 115
　　第三节　让生命带上芬芳的印记　/ 122
　　第四节　踏上芬芳的生命旅程　/ 125

第五章　课程治理的过程性　/ 141

　　学校课程治理的过程是以发展学生核心素养为根本追求的课程愿景达成的过程。学校课程以立德树人为根本任务,全面落实课程育人为宗旨,根据自身的办学特色,发现捕捉课程问题,打破传统课程的思维模式,探索多样化的课堂形态,充分利用学校与本地区的各项资源,因地制宜进行优化提质,构建清晰合理的课程体系。

"岭秀课程":给予每个生命达峰尽秀的力量　/ 144

　　第一节　让每一个生命达峰尽秀　/ 145

第二节　站在生命高处的发光者　/ 148
第三节　搭建生命成长的阶梯　/ 152
第四节　秀出生命精彩的向上之径　/ 157

第六章　课程治理的协同性　/ 167

　　学校课程治理的协同性要求多元主体参与，协调家庭、学校和社会，整合社会多方力量，有效统筹，使之平等参与学校课程开发、实施、评价等多环节，以学校教育为主体、以学生为中心实施多边合作的学校课程，进行多元与统一相协调的学校课程评价。

"润童年课程"：为儿童定制有趣的成长路径　/ 170

第一节　让每一个生命丰润美好　/ 171
第二节　做温润美好的人　/ 175
第三节　丰富儿童的学习经历　/ 178
第四节　拓宽儿童的成长路径　/ 184

第七章　课程治理的生长性　/ 195

　　课程治理要促进学校课程发展，解决发展动力性问题，实现素养本位的课程体系建构，要体现生长性。课程治理要依照国家有关课程政策，结合学校实际情形，从课程目标、课程内容、课程实施以及课程评价四个方面入手，把握学校课程的生长性，促进学生的全面发展。

"芙蓉美课程"：每一朵芙蓉都天然如斯　/ 199

第一节　清水芙蓉绽天然　/ 200
第二节　朵朵芙蓉向纯粹　/ 203
第三节　灼灼芙蓉促生长　/ 208
第四节　熠熠芙蓉齐绽放　/ 213

后　记　/ 224

前 言

集团化办学的课程治理方略

天心区作为湖湘学派的主要发祥地之一,是长沙乃至湖南发展最早的地区之一。众多文化地标坐落在这片热土上,崇教兴教的历史源远流长,拥有丰富的课程资源。天心区教育局提出的"为天地立心,为未来育人"的理念,引领着基层学校办人民满意的教育,坚持"五育"并举、"立德树人",实现教育的高质量发展。

仰天湖教育集团成立于2018年,旗下共有7所独立公办学校。本集团是天心区最早成立、发展迅速、均衡推进、成绩显著的教育集团。集团以"顺天性、扬个性、显灵性"的办学理念,营造了"春湖戏水,仰天放歌"的教育生态,形成了和谐发展、开放包容的管理样态。集团期待通过课程治理之力,充分挖掘每所学校的内涵特色,吸纳整合集团的课程力量,共建共享课程治理的成果,引领每一个生命自由舒展。

这是一趟艰难而又幸福的探索之旅。我们需要理顺学校课程发展的主体关系,改善课程育人过程,优化课程育人环境,推进各校区内部的资源整合与校际共建。总的来说,仰天湖教育集团共享式课程治理具备如下七个特质:时代性、文化性、情境性、目标性、过程性、协同性与生长性。(见图0-1)

一、课程治理的时代性

课程回答了培养什么人、怎样培养人、为谁培养人的根本问题,是教育思想、教育目标和教育内容的主要载体。我们要办好人民满意的教育,这意味着要走在时代发展的前沿,要提供适合全体学生发展的课程。

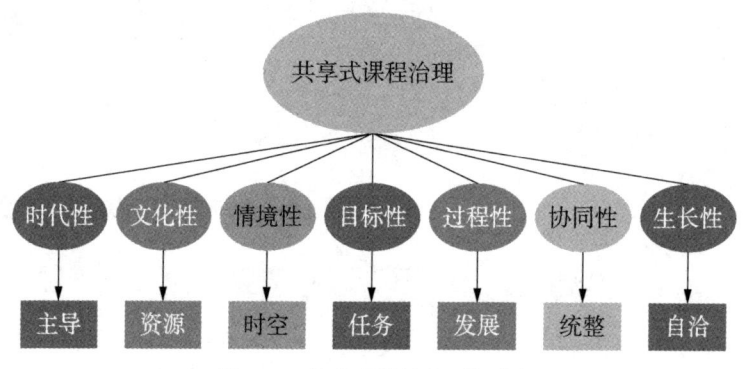

图0-1 共享式课程治理模型图

课程治理作为国家教育治理的重要内容,也体现了时代发展在不同阶段的价值取向。新中国成立之际,在社会主义初级阶段,我国社会的主要矛盾是人民日益增长的物质文化需要同落后的社会生产之间的矛盾。这一需要反映在学校课程领域,就是加强科学文化知识的学习与提高教学质量的要求。中国特色社会主义进入新时代后,我国社会的主要矛盾转化为人民日益增长的美好生活需要和不平衡不充分的发展之间的矛盾。与之相适应,广大人民群众对学校课程也有了更高质量和更多数量的要求。教育新时代的特点是全球化、个性化与智能化。课程治理的时代特点是注重学生的主体性和创造性、注重学生的实践和应用、注重学生的综合素质培养、注重个性化教育。[1]仰天湖教育集团围绕"顺应天性,看见每一个人自由生长;张扬个性,看见每一个人润泽滋养;激发灵性,看见每一个人神采飞扬"的教育理想,秉承时代需求,精心打造了"@未来课程""攀登号课程""放歌式课程""岭秀课程""桂花树下课程""芙蓉美课程""润童年课程"等七类富有时代气息的课程。可见,课程治理要体现时代发展的特色,满足未来人才培养的需要。

二、课程治理的文化性

课程治理是与历史亲近、与未来对话的过程。要对学校自身文化进行分析、总

---

[1] 胡定荣,邵容与.社会学视域下的学校课程治理转型:动因、内容与支持条件[J].北京教育学院学报,2022,36(3):39—46.

结、提炼，以学校已有的优秀文化传统，结合未来社会、未来教育的价值导向凝结成学校文化的核心精神。课程治理一方面要深挖学校原有的文化底蕴，另一方面要激发师生的文化意识。教师对学科知识中的文化属性进行充分挖掘、吸收，使其嵌入教学行动之中，才能在地方文化与学科知识之间建立起内在联系。教师注重对学生已有的文化背景和生活经验的理解与利用，才能建构起有效的教学方式。教师鼓励学生参与各类文化体验活动，才能促进学生提升核心素养，完成对文化的传承与创新。可见，要滋养学生的精神内涵，需要将文化融入学校课程价值观与发展方法论，渗透到课程实施的每一个环节。

三、课程治理的情境性

"情境"特指真实行为赖以发生的特定时空。课程治理的情境性要求管理者在全面分析本校的校情校史、全面吸纳本校的周边资源、全面把握本校师生的发展状况后再采取适切行动。

仰天湖教育集团的七所学校，有的拥有八十年深厚的历史积淀，有的刚刚建校，全新启航，有的坐落在拥挤的老旧城区，有的矗立于开阔现代的新建城区，每所学校课程发展的程度各不相同。虽然拥有统一的教育理想，但都具备鲜明的个性特色，这归功于各校课程治理依据不同的现实情境，做出了不同的调整。

课程治理在价值取向上，遵循以学生为中心的原则，考虑学生的利益诉求与发展状况；在治理过程中，尊重学校的现实情况，理顺校内校外各类课程资源，寻求治理效益的最大化。在需求满足上，我们把学生个性发展需要同国家发展和社会发展的共性需要结合起来；在发展进程上，我们充分考虑学校课程发展的不平衡不充分的现实，以及学生身心更全面和更自由发展的需要，一步一个脚印，唤醒师生的课程自主，将课程治理视作一个持续对话、不断改进的过程。基于目标导向，从现实的课程体系存在的问题出发，破解难点卡点，循序渐进。集团依托共享式的课程治理，呈现出百花齐放、万紫千红的发展态势。可见，要实现课程治理的成功，必须一校一策，量身定做，可以共享共建，但不能复制抄袭。

四、课程治理的目标性

围绕着《义务教育课程方案(2022年版)》提出的"有理想、有本领、有担当"的新时代育人目标,新一轮国家基础教育课程改革的目标是发展学生的核心素养。这标志着我国课程育人视界从课程本身转向学生主体,学校课程治理的核心使命不再局限于课程系统的完善、教学手段的更新或课堂教学活动的丰富等,而是指向了促进学生学习发展与进步。

学校作为课程治理最基层的单位,在课程治理中是具备自主权的。这就要求学校的课程建设围绕立德树人与培养核心素养的目标,对人力资源、资金资源、物质资源和空间资源进行重新配置和优化升级,最大限度激发学校课程建设的活力。课程治理通过激发教师与学生的内在动力,拓宽学习渠道,转变学习方式,让课程目标更有效率地达成。可见,学校课程治理活动,都应强化以学生为本的利益诉求。要把学生发展水平的高低作为学校课程治理成功与否的参照标准。

五、课程治理的过程性

中共中央、国务院印发的《中国教育现代化2035》提出,2035年主要发展目标之一是形成全社会共同参与的教育治理新格局。由此可见,国家层面的教育治理是一个长期推进的过程。课程治理涉及多主体的介入、多组织的融通、多要素的混合,也必然是一个长期推进的过程。

学校课程治理的主要任务在于化解学校课程发展中的社会矛盾,其具体的治理内容和方式主要体现在以下方面:一是理顺学校课程发展的主体关系,制定合理课程标准与素养标准;二是通过协商对话化解课程矛盾,改善课程育人过程;三是打破学校封闭状态,规范社会力量,优化课程育人环境。

从仰天湖集团学校的课程发展探索过程中,我们能够清晰地看到课程治理的时间脉络。在价值追求方面,由追求学业高质量转变为追求核心素养的提升;在课程结构方面,由单一的学科课程,到拓展课程,再至特色研究型课程打造,形成有逻辑的课程体系;在主体参与方面,由只承认学校的课程自主权,到接受家长、社会的课程参与权与学生的课程选择权,经历了一个不算短的发展周期。每所学校所处的发展进程不同,呈现的课程治理样貌也各异。可见,课程治理必须经历一个螺旋式上升的过程,稳打稳扎地循序渐进。

六、课程治理的协同性

所谓协同性,是指事物间向积极方向发展的相关性。1971年德国科学家哈肯提出统一的系统协同学思想,认为自然界和人类社会的各种事物普遍存在无序和有序的现象,无序就是混沌,有序就是协同。对事物双方或多方而言,协同的结果是个个获益,整体加强,共同发展。反之,如果一个系统内部相互掣肘、离散、冲突或摩擦,就会造成整个系统内耗增加,各子系统难以发挥其应有的功能,致使整个系统陷于一种混乱无序的状态。

课程是一种在复杂关系网络中进行的不确定的社会实践,而课程治理则是基于共识的多元主体的共治行为。其协同性体现在以下三个方面:

一是目标的协同。课程治理的目标是跨越"学科"和"课堂"边界,聚焦核心素养,提升学生综合实践能力。在治理过程中,学校要聚焦学生个性化需求,尊重学生的差异性,为学生提供多元化的育人服务,帮助学生实现自我价值和人生目标。

二是方法的协同。学校在课程建设中,以主题式项目学习等形式,采用探究学习、体验学习、小组合作、动手实践等方式让学生进行自主学习,进行学科整合并引进社会资源,用于培养学生的综合素养。

三是要素的协同。目前,越来越多的企事业单位、非营利性组织甚至个人参与到学校课程治理当中来,课程治理的多主体之间必须建立起统筹协调和信息共享机制,并建立信息沟通和联络的渠道,以便优化课程决策,丰富课程种类,实现课程的共创、共享、共赢。

可见,课程治理要跨越多元主体边界,形成家、校、社协同参与的课程治理网络,建立开放型育人机制,促进信息交流和资源共享,形成优质教育资源汇聚。

七、课程治理的生长性

课程治理的生长性体现了课程是一个动态发展的过程,需要在实践中不断完善以达成自洽。自洽可以被理解为一个思维体系内部的内聚力和逻辑一致性。课程治理要做到各个层面上相互衔接,没有矛盾之处。如通过分析学校课程情境找到学校的优势资源,发现目前课程中存在的问题,提出本校的课程哲学与育人目标,明确学校的课程发展方向。学校基于特定逻辑制定整体课程规划,把握课程的横向分类与纵向布局。学校优化课程管理,有效调动教师参与的积极性与创造性,确保课程扎实落地。可见,这一系列工作都要建立在逻辑自洽的基础上。

课程治理的七个特质各有内涵又各有侧重。课程治理的时代性明确课程变革的主导属性,课程治理的文化性呈现课程变革的资源属性,课程治理的情境性表达课程变革的时空属性,课程治理的目标性聚焦课程变革的任务属性,课程治理的过程性凸显课程变革的发展属性,课程治理的协同性体现课程变革的统整属性,课程治理的生长性推动课程变革的自洽属性。

课程治理的七个特质又是相互影响、彼此关联的。时代性决定了课程的育人目标,为课程提供明确的价值导向及宽广的教育环境。在此背景之下,学校需要深挖原有的文化底蕴,以社会生活的现实与未来发展为出发点,以学生的全面发展为落脚点,对人类文化成果及时代发展产生的最新知识进行精心设计,实现社会、学生、学科知识三者的整合。课程治理情境性的落实,使得课程实施更适合学校自身的实际。学校应在市和区县一级教育行政主管部门、周边社区、学生与教师群体组成的"微观"情境中,能动地开展校本化创造。目标性则保障学校教师将提升学生核心素养的要求具体化,融入日常教学中。过程性意味着学校课程治理是一个持续推进、不断完善的动态过程,从单一到多元,从线状到融合,需要学校精心规划、分步实施并统整优化,这是一个逻辑感很强的行动和研究过程。学校必然最大限度地调动多方力量与资源,形成多元协同的治理格局,提升学校课程育人水平。课程治理的开放性与不确定性,决定了课程治理是没有终点的,是一个永续发展、不断自洽的过程,要经历时代的检验,满足课程育人的需求。

总之,从每所学校的课程变革中,能看到我们坚实的脚步与深刻的自省。"我思故我在",课程治理就是在不断地思考、行动、改进、提质与升维中,实现教育理想从蓝图到施工图再到效果图的转变。共享式课程治理呈现了仰天湖教育集团共享先进的集团办学理念、共建科学的课程管理模式、共绘美好的课程发展图谱、共赢幸福的师生发展前景的蓬勃生态,势必迎来"课程领航,蒸蒸日上"的美好明天。

第一章
课程治理的情境性

学校课程治理是在特定时空范围内的行动,需要管理者在对学校、社会、教师、学生等多重课程情境要素分析的基础上,保持清醒的课程情境意识,把握课程的情境因素,最终达成课程的情境期待,提高学校课程的整体治理水平。

学校课程治理是基于一定的课程情境,在一定时空范围内的特定行动,需要管理者在对学校、社会、教师和学生等多重课程情境要素分析的基础上,保持清醒的课程情境意识,把握课程的情境因素,最终达成课程的情境期待,进而提高学校课程治理水平。

第一,清晰学校课程脉络。自我诊断和反思、自我设计和完善是学校课程治理的基础。学校在课程治理过程中,一方面需要把握学校的历史文化,研究学校微观环境下的课改历程,充分汲取学校精神发展史中的营养;另一方面应结合当前社会发展形势及学生的发展需求,清晰学校课程未来发展可能,创造性地生成课程治理内容或范畴,以实现个性化的学校课程发展愿景。

第二,盘活多维课程资源。胡定荣、邵容与在《社会学视域下的学校课程治理转型:动因、内容与支持条件》一文中指出:"学校课程发展不能孤立于家庭和社会之外进行封闭式发展,只有保持开放,与家庭、社会之间不断进行课程观念、知识和资源的交换,才能使学校课程从静止不动走入动态发展。"[①]的确,营造学校、家庭和社会共同育人格局,探索社会与学校教育结合的育人模式,为学生全面成长提供多元路径和丰富课程资源,已成为新时代课程治理的迫切需要。学校课程治理应对校内外文化资源、人力资源和物质环境资源进行合理有效的赋值,盘活课堂、校园、社团、家庭、社会等阵地资源,营造定位清晰、联动紧密、开放共享的课程育人环境。

第三,激发教师课程活力。课程治理是改变和激活教师的过程。"理想的治理结构应该是以教师为主,社会力量作为重要参与人,学生作为重要体验人,管理者则作为主要协调人,共同参与治理,如此形成一个共治结构。"[②]由此可见,教师在课程治理结构中具有举足轻重的地位。课程治理应在对教师基本情况、课程态度、课

---

① 胡定荣,邵容与.社会学视域下的学校课程治理转型:动因、内容与支持条件[J].北京教育学院学报,2022,36(3):39—46.
② 裴艳晖,纪德奎.论教师参与课程治理的实践逻辑及其实现[J].当代教育科学,2022(12):61—67.

程开发能力分析的基础之上,打造课程治理的"安全时空",呵护教师的表达意愿和利益诉求,激活教师的参与动力,开拓教师的参与途径,形成民主、高效、良性的互动氛围,最大限度地发挥教师的专业优势。

第四,唤醒学生课程自主。学生是学校课程治理的中心,学生的利益诉求、发展状况是学校课程治理的根本意义。一方面,学校的课程治理要建立在今天的社会背景和学生现状基础上,考虑学生未来十年、二十年乃至终生的发展;另一方面,学校的课程治理要唤醒学生的课程自主,学生和教师一起参与到课程规划、设计、实施、评价之中,形成师生、生生之间民主、平等、互相尊重的关系,让课程的开发、设计与实施过程成为真正的"学习型社区"的建构过程。

总之,关注学校课程治理的情境性,梳理盘活学校课程发展的机遇与挑战,激发活跃教师和学生的课程建设和学习的主动性,是提升课程品质的首要环节。如此,才能进一步建构新时代课程治理的理想图景,让课程具有情境适应性。

"放歌式课程":让每一个儿童在这里仰天放歌

长沙市天心区仰天湖小学地处长沙市劳动西路仰天湖正街107号,前身为"保校学堂",创立于1942年,1951年更名为"仰天湖小学"。占地面积6 200m²,现有31个教学班,83名教师,1 423名学生。学校秉持"顺天性、扬个性、显灵性"的办学理念,培养志向远、学向高、心向善、行向雅的学子。"六个一"培养目标的文化墙、书法长廊、水墨基地、管乐团队,显示学校的传统特色;课程中心、小天鹅主题阅读餐厅、师生活动中心、智慧非遗体验馆,呈现未来的学习样态。学校深入推进"放歌式课程",拓宽学习成长的边界,让师生在从容的教育场中各得其乐,和谐发展。

第一节 以湖之生态映教育之模样

一、清晰的教育价值取向

近年来,长沙市天心区仰天湖小学提炼"新生态教育"理念。以湖为镜,以湖之生态映教育之模样;道法自然,以生态系统的理念引领师生成长;以育人目标为中心,形成完整的育人系统,让学校焕发出别样的生机。在"新生态教育"理念下,学校提出"顺天性、扬个性、显灵性"的办学理念。顺天性,让每一个人自由生长;扬个性,让每一个人充分滋养;显灵性,让每一个人神采飞扬。鸢飞于天,鱼跃于渊,万物各有其性、各得其所,这是一个良好生态系统应有的状态,师生在良好的教育生态中,各自随性,和谐发展。

二、鲜明的学校课程特色

学校一直注重课程的开发与建构,希望开设的课程都能直击学生内心,在学生心中激起层层涟漪,让学习向更深更远处漫溯。学校以此为目标建设了全省第一家学校课程研发中心。这里有探索奥秘的无人机课程、"龙飞凤舞"的书法课程、"锦上添花"的湘绣课程、古瓷陶韵的陶艺课程、幽隽婉转的棕编课程、匠心独运的3D与机器人课程,一个个集聚着"创新"与"传承"的课程以弘扬中华文化、培养面向未来的时代新人为己任,彰显着"仰小"课程治理之路上的探索。在课程中心这方乐土,孩子们可以发展自己的兴趣,远离社会浮躁,静心创作,遇见最好的自己。同时,学校以育人为核心,注重学科课程的创新实施,努力建构学科拓展课程延伸体系,打造研究型课程特色品牌,先后开发了"楚楚天心""小天鹅职业体验"等特色课程,利用课程中心、智慧校园,激发校内外课程涟漪圈的融合,让"小天鹅"在湖面嬉戏畅游,从这里向梦想起飞。

三、创意的学校课程空间

　　课程空间即教育。学校不断丰富课程空间,"发现"学校课程空间的"教育秘密",努力把"课程种在校园里"。一方面,学校向内自拓课程空间,丰富课程中心,努力打破场地有限的困局,丰富各功能室,建设乒乓球室。着力打造的"天鹅湖"阅读餐厅仿佛一个充满童趣、温馨愉悦的世界,郁郁苍苍的树冠点缀着黄的、绿的、红的果实,各色绘本人物在树林中快乐生活着,孩子们可以在这儿尽情地吸取精神食粮。另一方面,学校优化内外环境,名人雕像、艺术长廊、诗词文化墙这些潜在的文化空间,彰显着学校浓厚的文化底蕴和真实的育人环境。

四、丰富的在地课程资源

　　仰天湖小学地处长沙中心地带,周边有着许多丰富的自然资源与人文资源,这些资源也正逐步成为"仰小"师生的课程资源。学校充分利用周边的长沙简牍博物馆、杜甫江阁、湘江等各大场馆基地,丰富学校的课程体系,带孩子们走出校园,走入更多的艺术园地去感悟、欣赏、发现。每一扇新的"大门"背后,都是一个新奇的世界。课程,在此孕育;学习,也在此发生。

五、奋进的课程执行团队

　　学校历经八十载,凭借先进的教育理念,用高质量的教学成果,谱写了一篇又一篇教育华章,而其中最引以为傲的是"仰小"拥有一大批教育思想成熟、教育业务娴熟、教育成果丰硕的骨干教师。学校有市级骨干教师十五名,区级骨干教师二十八名。天心区连续几届"小学信息名师工作室""小学语文名师工作室""小学艺术创想名师工作室"先后落户我校,引领带动着区域教师的专业成长。数十名教师在全国、省、市级教学竞赛中获奖。多名教师在省级以上刊物发表文章,出版教育专著。在科研课题方面,学校共开展了数十个市级以上的课题研究。多个课题在结题中获奖,其中"十五"课题"信息技术教育与语文教学的整合,提高学生的语文素养"获得教育部基础教育课程研究中心奖励。这支教学成果丰硕、教育质量优秀的教师团队,成为课程开发与设计最坚实的力量。

六、活跃的课程实施途径

学校课程群以国家课程的综合化实施为路径,以综合性、实践性、跨学科、项目制为特点,在开齐、开好国家课程的基础上,设置校内融合课程和校外联合课程。校内融合课程,倡导"做中学""用中学""创中学",是对每个课程群涉及学科的知识延伸,同时,在每一个课程群下设置一个综合型的特色活动,成为学校的"涟漪四节"。校外联合课程,有单学科的延伸,也有多学科的融合,加强课程内容与学生经验、社会生活的联系,培养学生在真实情境中综合运用知识解决问题的能力。

七、喜人的课程建设成果

财商课程、小古文读写课程、二十四节气等课程,不仅是语文、数学等国家课程的延伸,更融合了德育、艺术、传统文化等内容,让儿童的学习向更深更远处漫溯。好习惯训练营课程、"楚楚天心"之"绿行周末"课程、"小天鹅职业体验"课程构建了具有实践性、体验性、探究性的学习过程。美术组打造的"水墨涟漪"课程,激活了孩子对美术的想象。而语文、数学、英语、科学等学科节,更是通过丰富的学科活动的开展,聚焦学生的学科素养的培养,努力建构多元生动的学习方式、真实丰富的学习场景、开放融合的学习空间。学校被评为"天心区课程创新实施基地学校",依托"水墨涟漪"课程建立的水墨工作坊荣获全国艺术展演一等奖,好习惯训练营之"礼仪微课程"被多家电视台报道,《"礼"教育帮孩子扣好人生第一粒扣子》入选湖南基础教育改革探索100例,"小天鹅职业体验"课程之"天湖放歌,漾梦想涟漪"荣获湖南省优秀活动案例一等奖。在十运会中,有30余名"仰小"健儿获奖,在各类艺术比赛中,"小歌星""小舞星""小乐星"不断涌现,学校呈现出绿意丛生、生机勃勃的发展态势。一张张奖状,一座座奖杯,深深烙印在每个仰天湖人的心里,成为每一个人奋进的动力和成长的基石。

学校在不同学科、不同主题模块下开发了丰富的课程,活跃了校园生活,促进了学生的发展。然而,各类课程之间的逻辑关系是什么?课程实施中学习方式变革指向是什么?如何让课程实施成为有目的、有计划、有步骤进行的动态的序列化过程?如何建构学校课程愿景目标与日常实践相整合的行动设计,以提高课程的执行力、激发教师的创造力?对于这些问题,学校需要进一步系统思考,进一步优化整体设计和逻辑建构,使学校课程成为一个互相联系、彼此协调、指向育人目标实现的有机整体。

第二节　让天性在校园中飞扬

校名仰天湖小学,让人不禁想起天鹅湖的静逸唯美、和谐舒畅,宛若一方闹市中的学习净土,投身其中,总会情不自禁地想打开自己的双臂,化作天鹅迎风舒展。教育是生命的教育,学校是生命的学校。让每一个生命在校园里放歌,让每一种天性在校园中飞扬,是仰天湖小学最纯粹的教育愿景。

一、教育哲学:"放歌教育"

"放歌教育"是学校发展素质教育的个性化理念和实践探索,是学校的教育价值观和内涵发展方法论。在我们看来,"放歌教育"具有独特的内涵。

"放歌教育"是激荡生命的教育。一切教育都应该关照人,关照生命本身,都应该让生命放歌。"编织"生活、"叩问"灵魂,细致入微地关照生命,关照心灵。教育不是从外向内的灌输,而是心灵的共振,是一种激活,是让心情变得振奋、让学习变得深邃、让生活变得诗意的状态。

"放歌教育"是直面生活的教育。陶行知曾说:"生活即教育。"教育和生活不是两个割裂的部分,而应是相互联系、相互贯通的结合体。教育源自生活,教育课程内容应贴近生活;教育指向生活,回馈生活,教育应为学生未来的生活提供必要养分。学生应从教育中获取直面生活的智慧、能力与勇气,从而能更好地面对生活,发现生活,享受生活。

"放歌教育"是蓬勃开放的教育。教育从来不是一座孤岛。一种好的教育需要吐故纳新,兼容并蓄,开放创新,才能形成葳蕤开放之气态,让教育奏出和谐激扬之赞歌。拥抱新时代的变化,学习不再是围墙之内的事,世界即书本,万物即课堂,学习的边界在不断地拓宽,以此激发学生的无限可能。

"放歌教育"是张扬个性的教育。世界上没有两片相同的树叶,也没有两个完全相同的人。学生的潜能是否得到激发,关键在于其个性能否得到最自由的张扬,自我能否得到最充分的展示。没有个性的教育,孩子的想象力就不可能放飞,创造性也得不到孕育。"放歌教育"尊重学生个体差异,珍视学生的天性,凸显个性的灵动,遵循学生的发展规律,从而达到引发学生心中的兴趣、激发情感上的体悟、产生浪漫的遐想、唤醒自我飞扬个性的教育目的。

综上,"放歌教育"是眷注生命、指向未来、开放葳蕤和张扬个性的教育实践形态。"放歌教育"以育人为核心,关照生命本身的天赋与才能,顺天致性,让每一个生命在仰天湖小学都能诗意地栖居,放歌生命,以促成生命的无限成长。我们秉持如下教育信条:

我们坚信,
教育是生命的激荡;
我们坚信,
学校是让生命葳蕤的地方;
我们坚信,
让儿童仰天放歌是教育最美的图景;
我们坚信,
尊重儿童的天性是教师最智慧的专业姿态;
我们坚信,
让每一个自由生命舒展是学校教育的神圣使命。

二、学校课程理念

基于上述教育哲学,我校提出"让每一个儿童在这里仰天放歌"的课程理念。这一课程理念有深刻的内涵。

——课程即个性生长。开放新颖的课程才是真正实现让学生仰天放歌、个性生长的土壤。丰富的、活泼的、流动的课程让教室、校园之外学生生活的社区、自然风光区、民俗风景区都成为学生增长知识、发扬个性的场所。

——课程即生命场景。陶行知曾说："生活即教育。"教育是生活的过程,课程是教育思想在生活中的细化。由此,课程也应以生活情境式、体验式教学方式为主。每个孩子都有不同的智能发展区,也都天生自带潜能。设置多元发展的课程,再现实际生活场景,贴近生活实际,有利于帮助孩子丰富生命体验,激发生命内在活力。

——课程即自由舒展。好的教育,一定是自由的教育,自由是教育最核心的基石。自由是教育的生命线。自由灵动的课程才能培养出自由活泼的灵魂,才能真正地激发人的天赋与潜能,唤醒生命内在的活力。

——课程即和谐共生。新时代呼唤新教育,新教育催生新课程。新课程应符合社会发展的需要,满足人的全面发展。和谐共生是对教育整体性和完整性的倡导,而百花齐放的学科教学,异彩纷呈的社团活动,盛大庄重的节日庆典,知行合一的综合实践……包罗万象的课程是形成和谐共生的最佳土壤。

总之,课程应是丰富的、灵动的、多元的。在课程中,儿童蓬勃激扬的生命之态能够得到释放,天性能够得到张扬。为此,我们将学校课程模式命名为"放歌式课程"。我们期待,孩子们在这里,生活体验能够更丰富一些,生活的边界能够更宽广一些,生命的姿态能够更舒展一些。

第三节　做仰天放歌的中国人

课程是为育人服务的。基于国家教育方针的要求,确定学校育人目标是课程建设的重要维度。

一、育人目标

基于学校名称和历史文化,我校以天鹅湖为意象,学校教育就是一泓碧波,学生就像湖面上的天鹅。天鹅代表着忠贞勇敢、和平善良、优雅高贵、志向高远、纯洁执着……依据天鹅的特质,仰天湖里的一切教育行为,都是为了让学生成为独特的生命个体,散发着独特的生命特质,全面发展,个性成长,做仰天放歌的天鹅学子。《义务教育课程方案(2022年版)》提出"使学生有理想、有本领、有担当,培养德智体美劳全面发展的社会主义建设者和接班人"的新时代育人目标。新时代的今天,我们的教育更要培养担当民族复兴大任的时代新人,志存高远。因此,我校的育人目标定为:做仰天放歌的中国人。其具体内涵凝练为天鹅学子的三个特质:志向远,心向善;学向高,思向活;体向美,行向雅。

——志向远,心向善。天鹅不仅有高远的志向,还有善美天使、翡翠天鹅的美称。六年课程宛如一泓碧波,慢慢浸润学生心田的梦,引导学生像天鹅一样,有梦想、有毅力、有格局。在学习生活中,与己善、与人善、与物善,纯洁善良。在集体社会中,关心集体,热爱公益,责任担当,将个人的理想融入社会、国家,奋勇追梦。

——学向高,思向活。天鹅飞得远,亦能飞得高,得益于丰盈的羽翼和勤奋的练习。学习如同飞行,振翅高飞,奔赴理想,须以渊博的知识、活跃的思维为翼。凝练"天鹅"精神,引领学生像天鹅一样,为飞向理想的天空,乐积累,乐探索,乐创新,善思好问,思维活跃,想象丰富。

——体向美，行向雅。天鹅体形优美，长着优雅修长的脖颈，在水中滑行时高贵端庄，轻盈悠闲，带给人们无数美好的遐想。学生受学校课程文化的熏陶，能如天鹅般优雅从容、落落大方，在生活中培养高雅的审美情趣，养成举止有礼、语言得体、遵纪守法的习惯，做到爱运动，爱健身，爱艺术，爱劳动。

二、课程目标

我们将育人目标细化，结合学生年龄差异，划分为各年级的课程要求，厘定我校"放歌式课程"目标。（见表1-1）

表1-1 仰天湖小学"放歌式课程"目标表

年级	志向远，心向善	学向高，思向活	体向美，行向雅
一年级	初步认识自我，爱自己，学习基本的安全常识。初步具有关心他人、友爱宽容、诚实善良、乐于合作等良好品德。留心观察身边的事物，关心自己的生活环境，热爱亲近大自然，初步培养爱护环境的责任意识。	掌握一年级文化课课程标准规定的要求，培养良好的学习习惯，喜欢阅读，乐于诵读，形成初步的自主学习的意识。具有好奇心，热爱生活，乐于观察，尝试提出自己感兴趣的问题。	乐于参加简单的艺体活动，感受运动、艺术活动的乐趣，形成正确的身体姿态。初步养成讲文明、懂礼貌、守纪律、爱劳动、爱整洁等行为习惯。
二年级	认识自我，爱自己，快乐地学习生活。具有关心他人、友爱宽容、关心集体、乐于合作、有责任感等良好品德，做一个懂得感恩、明辨是非、正直的人。热爱家乡，了解自己的生活环境，能从小事做起，具有爱护环境的责任意识。	掌握二年级文化课课程标准规定的要求，基本养成良好的学习习惯，有自主学习的意识，喜欢阅读，乐于诵读，乐于分享。爱动脑，主动思考，积极发言，勇于质疑；学会观察，提出不同想法，大胆提问，在大人帮助下尝试解决问题，初步了解逻辑思维。	产生学习艺体课程的兴趣，积极学习一两门艺体课程，初步学习艺体课程的基础知识、基本技能与方法，感受艺体之美，形成阳光、活泼的身姿。养成讲文明、懂礼貌、守规则、爱劳动、爱整洁等行为习惯，学习在公共场合言行得体。

续表

年级	志向远,心向善	学向高,思向活	体向美,行向雅
三年级	爱独特的自己,培养积极向上、乐观进取的生活态度。初步养成爱他人、爱集体、爱社会、爱国家等良好品德。做一个懂得感恩的人,乐于参加志愿服务和公益活动,初步培养社会责任感意识。 热爱环境,用实际行动保护身边的环境,增强自身环保意识,倡导绿色生活。	掌握三年级文化课课程标准规定的要求,进一步养成良好的学习习惯,培养自主学习的能力。热爱阅读,学习并积累经典古诗文,感受祖国传统文化的魅力,能清楚表达。 爱学习,兴趣浓,具有较强的好奇心和旺盛的求知欲,逐渐形成质疑的习惯,初步掌握发散思维、重组思维等创造性思维的方法。	有主动参与艺体活动展示或比赛的兴趣,有坚持学习艺体课程的毅力,掌握一项艺体的基本功,保持或改善身体姿态,锻炼身体的灵敏性、速度和力量,形成活泼、优雅的身姿。 感受文雅言行的魅力,培养言行一致的风格,养成良好的行为习惯,举止文明,待人温和。
四年级	具有积极向上、乐观进取的生活态度。懂得基本的做人道理,具备必要的处事能力。养成爱他人、爱集体、爱社会、爱国家等良好品德。具有较强的责任感,积极参与家庭事务,为集体服务,参加社会公益活动。 用实际行动保护身边的环境,逐渐养成低碳环保生活方式。	掌握四年级文化课课程标准规定的要求,形成良好的学习习惯,具备一定自主学习的能力。热爱阅读,有自己的观点,能够清楚生动地表达,喜欢积累经典古诗文,有较强的文化自信。 爱学习,兴趣浓,具有较强的好奇心和旺盛的求知欲,学会提出有价值的问题,并合作探究,尝试解决问题。掌握发散思维、重组思维等创造性思维的方法。	积极参加艺体活动展示或比赛,坚持体育锻炼,接受艺术熏陶,坚持完成有一定难度的艺体活动,并保持积极、稳定的情绪,形成活泼开朗的生活态度,形成健康文雅的生活方式。 学习接人待物的基本礼仪,知晓不同场合所需的言行礼仪,谈吐文雅、举止典雅。
五年级	积极向上、乐观进取,自信自强,渐渐明晰自身优势,对未来有憧憬、有目标。形成爱他人、爱社会、爱祖国的思想感情,并将此转化为学习和前进的动力,争做新时	掌握五年级文化课课程标准规定的要求,养成适合自己发展的学习习惯,具有较强的自主学习能力。坚持阅读,开始有自己独到的见解,能创造性表达。感受国	学会通过艺体活动,自我放松调节,积极休息。了解艺体活动的价值,坚持运动,热爱艺术,熟练掌握1—2项艺体项目,学会欣赏美、表现美,养成健康的审美情趣和生活方式。

续表

年级	志向远,心向善	学向高,思向活	体向美,行向雅
	代好少年。 热爱大自然,能理解人与自然、社会环境相互依存的关系,与自然和谐共处。	内外文化的不同魅力,有民族文化自豪感。 爱学习,保持浓厚的学习兴趣,学习方法灵活,能将所学运用于实践,有探究精神,具备初步的创新意识和实践能力,能运用发散思维、重组思维等创造性思维。	懂得遵守法律法规和道德行为规范,能够用礼仪要求约束自己的言行。
六年级	懂得为人处世的基本准则,树立正确的人生观、价值观、世界观,具有积极向上的人生态度。能根据自身优势,对自身未来有目标、有计划,初步树立远大理想。 具有强烈的社会责任感,能正确认识个人发展与集体、社会、国家的关系。	掌握六年级文化课课程标准规定的要求,具有较强的自主学习能力,掌握科学的学习方法,能自主制定学习计划,将所学的知识用于实践。学会从不同的角度思考问题,在合作讨论、交流启发中,探索发现不同的解题思路和方法,学会选择最优的解决方法。能运用创造性思维,学会创意设计。	具有较强的运动能力和审美能力,擅长1—2项艺体项目。在艺体学习活动中形成克服困难的意志,提升艺术修养,保持良好优雅的身体姿态。 懂得纪律法规、道德规范的意义,能正确处理日常生活的问题和矛盾,言行得体,温文儒雅。

第四节 给予一泓灵动碧波

为了更好地实现学校课程目标,我们建构学校课程框架,丰富学校课程体系,满足儿童多样的学习需求。

一、课程结构

给予一泓灵动的碧波,学校课程坚持面向学生未来,面向学生个性发展。根据多元智能理论,我们将学校课程分为以下六个板块:放歌之语课程、放歌之智课程、放歌之创课程、放歌之健课程、放歌之艺课程、放歌之心课程。(见图1-1)

六大类课程板块内涵具体如下:

放歌之语课程指向语言与表达领域,包括语文、英语、绘本阅读、亲子阅读会、小小故事会、朗朗动听、小古文、二十四节气、湘人风骨、亲子阅读等,多渠道挖掘和提升学生言语能力,促使学生敢于表达、乐于表达、自信地表达。

放歌之智课程指向逻辑与思维领域,包括数学、财商数学、数学绘本、七巧板、思维训练等。

放歌之创课程指向科学与探索领域,包括科学、楚楚天心、STEM课程、创客社团、工匠大讲坛等。在课程学习中,学生动手动脑,思维敏捷,尝试探索,创新意识强,见识更广阔,视角更敏锐。

放歌之健课程指向运动与健康课程,包括体育、心理健康教育、篮球小将、绳彩飞扬、趣味体能、乒乓小将、围棋、心理辅导课程等。

放歌之艺课程指向艺术与审美课程,包括美术、音乐、水墨涟漪、音乐素养、小天鹅管乐、小风铃合唱、小天鹅舞蹈等。

放歌之心课程指向自我与社会课程,包括班队活动、道德与法治、认识职业系

图 1-1 仰天湖小学"放歌式课程"框架图

列、职业大闯关、酷贝拉职业启蒙研学、职业故事会、职业小记者、湖湘名企职业体验研学、职业规划系列心理课程、心理团辅之我的人生线路图等。

二、课程设置

本着"横向连接、纵向贯通"的原则，我校"放歌式课程"制定了一至六年级十二个学期的课程设置。（见表 1-2）

第一章 课程治理的情境性

表1-2 仰天湖小学"放歌式课程"设置表

年级		放歌之语课程	放歌之智课程	放歌之创课程	放歌之健课程	放歌之艺课程	放歌之心课程
一年级	上学期	绘本阅读 习字修身 日有所诵	口算小达人 数学绘本 财商课程	楚楚天心之守护湘江母亲 趣味编程 玩转模型	篮球小将 绳彩飞扬（短绳） 趣味体能 乒乓小将 围棋	水墨涟漪之墨韵 音乐素养 舞蹈	认识职业系列心理课程 心理团辅之看·我知道的职业 职业大闯关 酷贝拉职业启蒙研学 好习惯训练营
	下学期	亲子阅读会 习字修身 日有所诵	口算小达人 七巧板拼图 财商课程	楚楚天心之守护湘江母亲 趣味编程 玩转模型	篮球小将 绳彩飞扬（短绳） 趣味体能 乒乓小将 围棋	水墨涟漪之墨韵 音乐素养 舞蹈	认识职业系列心理课程 心理团辅之说·爸爸妈妈职业 职业大闯关 酷贝拉职业启蒙研学 好习惯训练营
二年级	上学期	故事爸妈进课堂 写话启蒙 日有所诵	计算大闯关 七巧板拼图 财商课程	楚楚天心之守护湘江母亲 趣味编程 玩转模型	篮球小将 绳彩飞扬（短绳） 趣味体能 乒乓小将 围棋	水墨涟漪之墨韵 音乐素养 舞蹈	认识职业系列心理课程 心理团辅之画·我心中的职业 职业大闯关 酷贝拉职业启蒙研学 好习惯训练营
	下学期	绘本故事我来演 写话启蒙 日有所诵	计算大闯关 思维训练 财商课程	楚楚天心之守护湘江母亲 趣味编程 玩转模型	篮球小将 绳彩飞扬（短绳） 趣味体能 乒乓小将 围棋	水墨涟漪之墨韵 音乐素养 舞蹈	认识职业系列心理课程 心理团辅之感·职业体验秀 职业大闯关 酷贝拉职业启蒙研学 好习惯训练营

续表

年级		放歌之语课程	放歌之智课程	放歌之创课程	放歌之健课程	放歌之艺课程	放歌之心课程
三年级	上学期	小小故事会 古诗诵读 趣说语音课	计算游戏 （24点游戏） 财商课程	楚楚天心之探访橘子洲 趣味编程 STEM课程 无人机课程	篮球小达人 绳彩飞扬（短绳） 田径小飞侠 乒乓小达人	水墨涟漪之墨意 管乐团 音乐素养 舞蹈 非遗课程	发现自我系列心理课程 心理团辅之职业故事会 职业小记者 酷贝拉职业启蒙研学
	下学期	朗朗动听 古诗诵读 趣说语音课	计算大闯关 思维训练 财商课程	楚楚天心之探访橘子洲 趣味编程 STEM课程 无人机课程	篮球小达人 绳彩飞扬（短绳） 田径小飞侠 乒乓小达人	水墨涟漪之墨意 管乐团 音乐素养 舞蹈 非遗课程	发现自我系列心理课程 心理团辅之职业小汇报 职业小记者 酷贝拉职业启蒙研学
四年级	上学期	二十四节气 趣味阅读课	24点游戏 巧算 财商课程	楚楚天心之博物馆课程 创意编程 3D社团 工匠大讲坛	篮球小达人 绳彩飞扬（长绳） 田径小飞侠 乒乓小达人 无人机	水墨涟漪之墨意 管乐团 非遗课程 舞蹈 合唱	发现自我系列心理课程 心理团辅之职业小讲堂 职业小记者 湖湘名企职业体验研学
	下学期	二十四节气 趣味阅读课	数独 口算 财商课程	楚楚天心之博物馆课程 创意编程 3D社团 工匠大讲坛	篮球小达人 绳彩飞扬（长绳） 田径小飞侠 乒乓小达人 无人机	水墨涟漪之墨意 管乐团 非遗课程 舞蹈 合唱	发现自我系列心理课程 心理团辅之职业小调研 职业小记者 湖湘名企职业体验研学

续表

年级		放歌之语课程	放歌之智课程	放歌之创课程	放歌之健课程	放歌之艺课程	放歌之心课程
五年级	上学期	湘人风骨 趣享电影赏析	计算小超人魔方 财商课程	楚楚天心之探秘古城天心 创意编程 3D社团 山水课程	篮球小明星 绳彩飞扬（长绳） 田径小健将 乒乓小健将 冰壶 悠悠球	水墨涟漪之墨趣 管乐团 舞蹈 合唱	职业规划系列心理课程 心理团辅之我的自身优势 职业体验岗 湖湘名企职业体验研学
	下学期	湘人风骨 趣享电影赏析	计算小超人魔方 财商课程	楚楚天心之探秘古城天心 创意编程 3D社团	篮球小明星 绳彩飞扬（长绳） 田径小健将 冰壶 悠悠球	水墨涟漪之墨趣 管乐团 舞蹈 小风铃合唱	职业规划系列心理课程 心理团辅之我的职业简历 职业体验岗 湖湘名企职业体验研学
六年级	上学期	小古文阅读与写作 趣思作业设计	九连环鲁班锁 财商课程	楚楚天心之红色传承·童心向党课程 创意编程 3D社团	篮球小明星 绳彩飞扬（长绳） 田径小健将 冰壶 悠悠球	水墨涟漪之墨趣 管乐团 小风铃合唱	职业规划系列心理课程 心理团辅之我的人生线路图 职业体验岗 湖湘名企职业体验研学
	下学期	小古文阅读与写作 趣思作业设计	九连环鲁班锁 财商课程	楚楚天心之红色传承·童心向党课程 创意编程 3D社团	篮球小明星 绳彩飞扬（长绳） 田径小健将 冰壶 悠悠球	水墨涟漪之墨趣 管乐团 小风铃合唱	职业规划系列心理课程 心理团辅之我的职业规划书 职业体验岗 湖湘名企职业体验研学

第五节　向更深更远处漫溯

在学校"放歌教育"理念引领下,教育就是那一池春水,学生便是那湖面嬉戏的天鹅,在这里怡然成长,从这里仰天放歌。通过建构"放歌课堂",建设"放歌学科",创设"放歌社团",推进"放歌节日",激活"放歌校园",推行"放歌之旅",做活"放歌探究",做实"放歌联盟",做好"放歌田园",做强"放歌体验",孩子们与一门一门课程相遇,让学习向更深更远处漫溯,映照出仰天湖小学的最美教育生态。

一、建构"放歌课堂",提升课程实施质量

"放歌课堂"是"放歌教育"理念在各学科教学中的渗透。它注重研究学科本位知识教学与其他学科教学整合的途径,探索以"开放包容、自主生长"为核心,以激发学生内在动力、培养学生高阶思维、追求生命生动成长为主线的"放歌课堂"教学模式。

(一)"放歌课堂"的实践与操作

"放歌课堂"根据学生发展情况,结合我校师资状况,呈现学科课堂的生成与延展,学生主动构建各学科间的关联,体现学生学习过程的真实与自然。"放歌课堂"是饱满、开放、立体、灵活、多元、个性的课堂。

"放歌课堂"是饱满的。依据长沙市天心区"三问导学"具身学习模式,以改变学生学习方式为核心,培养学生良好的学习习惯与学会学习的能力,培养学生的创新精神与实践能力。

"放歌课堂"是开放的。以学习方式变革联动资源统整,全面拓展学生学习场域,基础型课程、拓展型课程、研究型课程与学生现实生活建立起密切联系,促进学生主动学习和全面发展。

"放歌课堂"是立体的。课程内容实现动态统整,打破班级授课的时间分配方式,将课内课外时间结合起来,灵活设置时长,学生成为学习时间的掌控者。

"放歌课堂"是灵活的。通过学科探究、综合实践、主题式学习、项目式学习、实践活动、人工智能等进行实践创新。

"放歌课堂"是多元的。与信息技术融合发展,选择和运用长沙市天心区"三问导学"具身学习评价标准,突出学生主体地位,发挥教师的主导作用。

"放歌课堂"是个性的。以核心素养为导向,满足学生个性化需求,根据学生自身的学习能力,开设丰富多彩的特色选修课程。

我们以教研为先导,以课堂为主阵地,注重教师的"整体意识",建立"备课—上课—说课—评课"的教研闭环,在实践中构建"开放、灵活、多元、跨学科"的课堂。具体而言:

1. 集体备课,主题教研。教研组定期开展主题教研活动,备课组集体备课,集思广益;在课堂教学中,充分利用各方面资源,始终以"开放包容、自主生长"为核心,开展不同形式、不同主题、不同目标的课堂教学,教学相长,提升课堂品质。

2. 立足上课,协同育人。跨越学科边界,成立不同侧重、不同形式的教研团队,开展学科组联合主题课堂教学,强化学科整体育人功能,通过名师示范课、师徒结对课、团队磨课等多种形式,实现"名师引领,团队合作,全员提高,均衡互补"。

3. 运用说课,理念先行。以"单元整体教学设计""问题导学"为蓝本,创新"放歌课堂",由学科教学走向学科育人,构建高质量的"放歌式课程"。

4. 深度评课,促进学习。重视学生对知识的深化理解、分析及应用能力,关注学生社会情感的发展情况,改变知识与生活隔离、学科与知识相互独立的状态,使"放歌课堂"向更深层次探索。

(二)"放歌课堂"的评价标准

"放歌课堂"从课堂目标的明晰、课堂内容的丰富、学生学习的质量、教学实施的灵动与即时评价的效果等方面进行评价。(见表1-3)

表1-3 仰天湖小学"放歌课堂"评价维度

评价维度	评价内容	评价等级		
		优	良	合格
目标	目标基于学科核心素养和课程标准,适合学情,具体明确,操作性强,突出活动性和实践性,落实德智体美劳全面发展。			
内容	内容丰富,注重情境化、生活化、活动化、综合化,通过整合相关学科知识,帮助学生建构知识框架,会联系生活实际,具备创新活力。			
方法	能根据学习内容,选择恰当的教学方法并体现学习方式的多样性、灵活性;鼓励不同层次的学生进行个性展示,发展学生求异思维。			
学生	学生明确自己的学习任务;参与活动积极主动,乐与他人交流合作;能提出有意义的问题或发表个人见解,主动探究;能够倾听他人意见,并认真地、有条理地思考;能在真实的情境中解决现实问题。			
课堂评价	"教-学-评"一体化,关注全体学生,提高课堂效率;妥善运用评价语言,促进学生综合素养的提升。			

二、建设"放歌学科",丰富学科课程体系

学科课程建设是学校课程建设最主要的方面。我校各学科教研组立足学科特色,聚焦学生发展核心素养,打造"放歌学科"。"放歌学科"是在基础类课程之上,根据学生成长规律,集体研发的拓展类课程。"放歌学科"拓宽了国家课程的实施路径,丰富了课程的学习内容,是激活学生综合素养的学科课程群。

(一)"放歌学科"的建设路径

《义务教育课程方案(2022年版)》指出:"基于核心素养发展要求,遴选重要观念、主题内容和基础知识,设计课程内容,增强内容与育人目标的联系,优化内容组织形式。""放歌学科"立足于此目标,对丰富的课程资源进行再重组、再创造,将选择权交给学生,体现学生学习的主体性。"放歌学科"以丰富的课程门类和优良的课程品质吸引学生,促进每个学生的全面发展,提升每位教师的专业素养。目前,

我校已推出了"融语文"课程群、"慧数学"课程群、"Funny English"课程群、"水墨涟漪"课程群。

"融语文"课程群基于语文学科标准要求与小学生思维发展的需求,对语文知识进行重组与融合,以综合性学习为主要方式,为学生创设完整的学习体验,激发学生语文学习的兴趣,整体提升语文综合能力。

"慧数学"课程群将数学学科与生活实际相联系,通过数学课程与财经素养的融合、与劳动教育的结合,针对不同学段,推出不同的教学内容,层层递进,引导学生从生活中感受数学、运用数学,培养学生的创造性数学思维能力和实践能力。

"Funny English"课程群秉承"让趣味英语浸润心灵"的学科理念,除基础课程外,英语课程提倡乐学善思,让学生在轻松愉快的英语学习中体验学习乐趣,增长英语知识,培养英语思维,拓展英语能力。

"水墨涟漪"课程群根据小学生的心理特点,结合长沙本土文化,分三个层次进行课程研发,分别是:低年级"墨韵"、中年级"墨意"、高年级"墨趣"。课程贴近学生生活,关注学生对水墨的感知、体验、表达和塑造,尊重孩子的纯真感受,力图寻找传统、现代与儿童的水墨表述的结合点,真实地体现儿童水墨画的高品位和原创力。

在具体推进上,"放歌学科"建设从学科课程、学科团队、学科教学、学科学习等四个方面推动学科建设。

1. 结合学科特点,构建特色学科课程。学科课程是教师基于国家课程自主开发的顺应学生核心素养培养需求的特色课程。教师根据对学科的理解,融合独特的资源,共同打造"放歌学科"。

2. 借助形式多样的教研合力,彰显学校特色教研。以学校主管领导为主要负责人整体把握和引领课程建设,不同侧重、不同形式的教研团队引领学科骨干教师和青年教师研发"放歌学科"课程。

3. 探索课堂教学的高效策略,提升课堂教学水平。学科团队基于课程标准、《仰天湖小学学科课程综合化实施计划》编写课程纲要和教学方案。各学科骨干教师大胆开拓课程实施方案,通过"教-学-研"校本研训活动,教师提炼个人教学主张,形成独具特色的教学风格。

4. 构建多元学习,聚焦核心素养。聚焦核心素养,引导学生寻找适合自己的学习方式,优化"放歌学科"建设。

(二)"放歌学科"的评价标准

我们根据"放歌学科"的意涵从学科课程、学科团队、学科教学、学科学习四个方面制定评价标准,形成具有学科特色的"放歌学科"课程,促进学校各类学科持续性、跨越性发展。(见表1-4)

表1-4 仰天湖小学"放歌学科"评价量表

项目	评价内容	评价等级		
		优	良	合格
学科课程	贯彻落实学校教育理念、课程理念;有明确的学科价值观,学科亮点突出;课程体系科学、完善、有逻辑;课程内容丰富、凸显学科;整合优化相关课程的内容,形成体系。			
学科团队	团队组建结合合理,分工明确;教研氛围良好,形成具有特色的学习、教研文化;有完备的教育科研制度,人人有微问题、微课题;团队形成适合课程研发与有效实施的运行机制;团队具有进取意识和创新精神。			
学科教学	坚持素养导向,开展基于学科本质的课堂教学研究,突出学科思想方法和探究方式的学习;创设以学生为中心的学习环境,教学设计中的学习目标、学习活动、评价任务融为一个整体,三者具有内在的一致性;课程实施方式多样,形成具有学校特色的学科教学方法和经验;教研组形成有特点的学科教学理念,教师提炼教学主张,构建个性鲜明的课堂教学。			
学科学习	学生在"做中学""用中学""创中学",知行合一、学思结合;从各学科特点和学校实际出发,制定学科学习规范,引导学生自主学习;指导学生确立正确的学习观念和思路,构建学科的学习策略、方法和技术系统,提高学习效率;引导学生合理运用评价结果改进学习。			

三、创设"放歌社团",发展儿童学习兴趣

为丰富校园文化生活,发展儿童兴趣与特长,促进学生的全面发展,学校以社团活动为平台,以"丰富生活、展示个性、培养兴趣、拓宽知识、开发潜能"为宗旨,成

立"放歌社团",努力使校园成为学生有趣的生活、学习的乐园。

(一)"放歌社团"的主要类型

学校设有语言类、思维类、科创类、艺术类、体育类等五大类社团,采用特长训练加社团活动开展相结合的方式,创设良好的成长环境,培养积极向上的校园文化。

1. 语言类社团。语言类社团以锻炼学生中英文口头表达能力,提高学生语言表现力、表达技巧为宗旨,开设放歌英语社团、"故事大王"社团、小博士辩论社、金话筒社团、脱口秀表演社、话剧社团、朗诵社团。

2. 思维类社团。思维类社团以提高学生动手实践能力、增强学生逻辑思维力和创新意识为目标,开设围棋、空间思维建构、数学游戏创编、财商等社团。

3. 科创类社团。科创类社团以开发学生智力、提升学生科技素养为目标,开设模型社团、机器人社团、无人机社团、编程社团、悠悠球社团等。

4. 艺术类社团。艺术类社团以兴趣为纽带、以学习为目的,为有艺术发展需求和艺术天赋的孩子提供学习与提升的课程,开设小天鹅管乐、小风铃合唱、小天鹅舞蹈、音乐素养、阅读美创、水墨涟漪、硬笔书法等社团。

5. 体育类社团。体育类社团以提升体育技能、提高身体素质为目标,发展学生体育特长,开设乒乓球社团、田径社团、篮球社团、轮滑社团、冰壶社团、啦啦操社团等。

上述社团活动的开展,使教育活动中的外在影响化为学生个体素质,发挥学生的主动性、创造性,促进学生积极、自主、全面的发展,也对提高教师队伍专业水平、彰显我校办学特色有着实际意义。

(二)"放歌社团"的评价要求

学生在参与阶段性的交流活动中,自我得到提升和展示。(见表1-5)

表1-5 仰天湖小学"放歌社团"评价量表

评价项目	评价标准	评价等级		
		优	良	合格
社团组建	是学生自我管理、自我服务的重要阵地;相关规章制度齐全。			

续表

评价项目	评价标准	评价等级		
		优	良	合格
社团活动	制定管理制度和社团活动计划。			
	根据不同学段学生的特点确定社团活动的主题、内容、目标、形式等。			
	有社团活动总结和反思。			
社团成果展示	展示形式创新。			
	展示内容能够体现社团活动的独特性。			
	展示具有可借鉴和推广的价值。			

四、推进"放歌节日",浓郁学校课程氛围

节日是生活中特别的日子,被赋予了特别的意义,或纪念特殊时间,或传承传统,或放松自我。我校根据课程目标,开展"放歌节日"系列活动。放歌是节日意义多样化存在的体现,是儿童对于节日的体验态度,也是各项体验活动存在的意义。"放歌节日"是延伸学校课程内容、拓宽儿童精神生活的育人载体。

(一)"放歌节日"的内容与实施途径

1. 传统节日重传承。我国传统节日历史悠久,内容丰富,积淀着博大精深的历史文化。因此,我校在春节、元宵节、清明节、端午节、中秋节、重阳节等中华传统节日期间,结合三种课型(队会、小队、仪式),联动三类人群(队员、家长、教师),利用三方资源(少先队、家庭、社区)开展剪窗花、书对联、做花灯、祭英烈、包粽子、猜灯谜、敬长辈等主题活动,让学生了解传统节日历史由来,体验节日氛围,感受节日文化,增强民族自豪感。

2. 现代节日尚体验。非传统节日主题鲜明,教育价值深厚。我校开展丰富多彩的非传统节日主题文化教育、宣传活动,营造浓郁的节日氛围,注重每个学生的参与体验。如植树节、母亲节、教师节、国庆节等节日期间,开展手抄报评选、主题班会、队会、送祝福、校园宣讲、模拟实践等一系列活动,渲染节日气氛,增强学生体

验感。

3. 校园节日显活力。为促进儿童"五育"并举,让每个学生都能自由生长,发展个性特长,提升审美情趣,丰富校园精神文明建设,我校组织开展一系列校园文化活动,如阅读节、语文周、数学周、英语周、科技节、体育节、"六一"国际儿童艺术节,在活动中开展主题阅读、写字创作、数学魔方、鲁班锁、艺术展演、运动会、科技创客及英语达人秀等。

(二)"放歌节日"的评价要求

"放歌节日"课程内容设计应合理。节日活动在设计形式上关注学生兴趣与匹配程度,学生主动参与、乐于参与、有效参与;内容上,活动既能体现节日特点,符合节日课程要求,又能激发学生兴趣,引发学生共鸣。"放歌节日"课程开展须因时制宜。结合学校基础课程,根据实际情况因时因地开展节日课程。"放歌节日"课程实施方式应丰富多样。节日类型不同,文化内涵不同,节日实施方式与过程应采取多样化的形式来实现,动静结合。"放歌节日"课程重体验,即重视学生的参与度,优化学生参与感,提升学生参与率,重在体验,有情有感。(见表1-6)

表1-6 仰天湖小学"放歌节日"评价量表

评价项目	评价标准	评价等级		
		A	B	C
节日内容设计	1. 节日内容符合小学生年龄特征、发展及各班实际。			
	2. 内容翔实,贴近小学生生活,引发学生的学习兴趣。			
	3. 主题鲜明突出,对学生有现实教育意义。			
节日时间安排	1. 时间的安排符合学生可接受水平。			
	2. 节日课程的安排契合实际。			
节日开展形式	1. 活动的开展采取小学生接受的形式。			
	2. 活动的开展形式多样,并符合全年龄段学生。			
节日活动效果	1. 践行体会,学生在体验中完成课程。			
	2. 学生参与度高、参与感强,有真实情感体验。			

五、激活"放歌校园",开发环境隐性课程

校园文化环境是学校精神文明的重要载体,是一所学校的精神文化风貌。"放歌校园"从空间文化、活动文化等不同的维度来落实校园环境课程,通过不同的文化形式,使教育走向多元化、生活化。课程因为文化有了厚度,文化因为课程有了载体。

(一)"放歌校园"的内涵

"放歌校园"是学校校园环境的组成部分,包括空间文化及活动文化,旨在通过校园环境的营造发挥育人作用。在书香校园、清廉校园、语言文字示范校、水墨基地校的大背景之下,学校从物质形态和精神形态两个方面建设空间文化及活动文化。

1. 廊道文化:廊道文化有主题。学校廊道包括学校连廊、操场文化墙、校园角等。各部分自成主题,展示学校的文化、育人理念,发挥着不同的育人功能,如水墨涟漪主题长廊、礼教育长廊、科技长廊、语文园、数学角、书香仰天湖阅读区等。廊道设计从学生出发,通过廊道家校社区联动文化创意征集,发挥学生、家长、社会主动性,紧扣学生需求,激活学生参与积极性,从而使廊道真正成为引导学生成长、激发学生兴趣的育人场所。

2. 教室文化:班级文化有特色。各班级根据学生特点,结合班级教师教育风格与理念,形成丰富多元而有班级特色的教室文化,营造具有个性的班级育人氛围,体现各班学生在集体生活中健康多元的生活状态,从而增强学生热爱学校生活、热爱文化学习的热情,营造健康向上的"放歌校园"文化。

3. 办公室文化:人文关怀有温度。结合学校育人理念,通过教师办公室文化建设、教师办公室创意设计、教师办公室活动开展等,体现学校的人文关怀,展现办公室教师的精神风貌。

4. 活动文化:学生活动有展示。结合"礼教育""艺术"等学校教育特色,定期开展丰富的、富有创意的全校性活动,为学生营造展示的平台,发挥榜样的力量,看见学生的成长,营造生动多元的校园精神文化。举例如下:

学科节个人展示活动:定期在校园内搭建各种舞台,结合学科节、艺术节、体育节等活动,给学有所长、乐于展示的学生以舞台,展示自身所学,看见"每一个"孩子的成长,营造校园多彩氛围。

校史馆参观活动:定期举行校史馆参观活动,感受学校悠久历史和浓厚的文化氛围,激发学生"今天我以学校为荣,明天学校以我为荣"的美好愿望。

文明礼仪队员"自主管理"评价活动:大队部定期或者不定期对值周工作进行检查,评选优秀文明礼仪队员。大力宣传文明礼仪队员的优秀事迹,在周一集会上进行宣传,同时在廊道宣传栏中进行展出。

"天天"志愿者评价活动:重在"爱心",评选优秀"天天"志愿者,并在"六一"国际儿童节或者元旦进行表彰。

"知书达礼"21天打卡活动:通过定期组织的21天礼仪打卡、评选"礼仪之星""三正少年",激发榜样的力量,让学生变得更文明、优雅。

(二)"放歌校园"的评价标准

对"放歌校园"课程维度及实施进行评价,需要依据一定标准。(见表1-7、表1-8)

表1-7 仰天湖小学"放歌校园"评价量表(教师)

评价项目	评价内容	幸福指数
身心健康	有良好的生活习惯和健康的职业信仰。	
职业素养	热爱教育工作,并具有随环境变化调整的能力。	
专业成长	积极参加校园培训活动,有较高水平的认知和见解,与同事互助合作。	
工作效能	善于研究,勇于创新。	

表1-8 仰天湖小学"放歌校园"评价量表(学生)

评价项目	评价内容	幸福指数
身心健康	掌握有关身心健康的知识和科学的健身方法,有自我保护意识。	
文明礼仪	思想积极、品行高尚,言行举止规范文明。	
实践创新	参与学校各项活动,善于沟通与交流,勤于观察和探索,勇于实践。	
艺术之雅	热爱生活,热爱艺术,学习和创造美的作品。	

六、推行"放歌之旅",落实研学旅行课程

《中小学综合实践活动课程指导纲要》明确提出,综合实践活动是基础教育课程体系的重要组成部分。小学生要通过参与、亲历获得良好的体验。"放歌之旅"是在遵循儿童天性的基础上,根据儿童身心发展需要而制定的开放型研学旅行课程。它秉承亲近自然、契合需求、自由选择的原则进行。学生根据自身爱好选择适当的研学活动,在研学过程中展现个性,获得良好的户外体验,促进身心发展。

(一)"放歌之旅"的课程设计

"放歌之旅"的课程设计旨在让学生在轻松愉快的活动氛围中,通过亲近自然、走进场馆和职业体验等形式进行研究式学习,获得良好的体验和思想教育。

1. 亲近自然,感受发现。小学生正处于好奇心萌发的阶段,万物等着他们去发现。长沙又称山水洲城,每年春季、秋季,学生走进植物园、动物园、生态园、蝴蝶谷、岳麓山、橘子洲、洋湖湿地等,亲近自然,感受发现自然之美,将这些美好以照片或日记的文字形式呈现,作为成长足迹保存。

2. 走进场馆,文化熏陶。长沙地处湘南,城市历史文化底蕴深厚。学生走进省博物院、市博物馆、省美术馆、"三馆一厅"、铜官窑、东方神画、世界之窗、雷锋实践基地、韶山伟人故居等地,感受文化、陶冶情操、增长见识。

3. 职业体验,能力锻炼。性格品质的培养是小学阶段重要培养内容,高年级学生走进职业体验基地、军训基地,进行一系列素质拓展和体能训练,达到提高身体素质、锻炼钢铁意志的目的。低年级学生走进职业体验区,如酷贝拉等,体验各种职业工作,树立职业意识。

(二)"放歌之旅"的课程评价

"放歌之旅"的课程评价主要从研学前的方案设计、研学中的内容和过程以及研学后的效果呈现三方面来进行。(见表1-9)

表1-9 仰天湖小学"放歌之旅"评价量表

评价项目	评价标准	评价等级		
		A	B	C
研学方案	1. 主题设计符合小学生年龄特征、发展及知识水平。			
	2. 研学目标明确,内容安排合理,贴近小学生生活,激发学生探究欲,实操性强。			
	3. 研学活动有详细的实施方案,流程安排到位,提前做好研学安全预案。			
研学过程	1. 组织有序,能根据目标组织研学活动。			
	2. 学生参与度高,参与性强,有强烈的体验感。			
	3. 安全措施到位,安全保障有力。			
研学效果	1. 活动效果好,学生能真正参与,有所获得。			
	2. 活动有效增强学生的探究意识和探究精神,一定程度上提升学生的实际能力。			

七、做活"放歌探究",推进项目学习课程

学校"放歌探究"以自然、民艺、历史三个板块为切入点,选取有代表性的景点作为校外联合课程资源,结合学生思维发展规律,融合多学科,开设"楚楚天心"湖湘文化探究课程,以此构建具有实践性、体验性、探究性的学习过程,增强学生对天心区人文历史及湖湘文化的理解和认同。

(一)"放歌探究"的建设路径

"放歌探究"课程的实施是一个动态的过程,是教师教学方式和学生学习方式转变的综合体现。其课程实施以走进湖湘文化的经历为主,倡导学生主动参与、乐于探究、勤于动手,培养学生收集和处理信息的能力、分析和解决问题的能力以及交流与合作的能力。在课程实施过程中,我们打破课堂集中学习的学习方式,努力创新学生的学习方式,比如整合式、行走式、探索式、项目式、创客式……多种多样的学习方式带来了"楚楚天心"相关课程的变革,使得学习过程直抵学生的心灵深处。

"楚楚天心"课程通过踩点、知识点梳理、课程任务设计,对课程进行阶段性设置。以山水课程为例,"守护湘江母亲河"校本课程围绕湘江开展探究性学习,构建具有实践性、体验性、探究性的学习过程,发展学生超学科理解力。

(二)"放歌探究"的评价

针对"楚楚天心"课程实施内容,我们以问题为主题,强调学科融合;借助实地走访,纠正学习偏差;了解湖湘文化,积存美好情感。学校与实践基地工作人员一起确定评价方案,一起参与评价,一起分享评价结果。无论是学生还是教师,都可以从更专业的角度获得经验、指导,并积极进行反思、调整。为了便于管理、总结和指导学生,我们设计了课程活动记录卡。(见表1-10)

表1-10 仰天湖小学"楚楚天心"课程活动记录卡

姓名		班级		活动时间		活动地点	
主题							
组长							
成员							
本人承担任务							
活动小结							
自我评定							
家长评价							
实践基地评价							
老师评价							

八、做实"放歌联盟",落实家校共育课程

为实现学校、家庭、社会的共育局面,学校围绕"与己善、与人善、与物善"形成"放歌联盟"家校共育课程。分别以"人与自我——生命教育""人与他人——感恩教育""人与自然——环保教育""人与社会——公民教育"为主题开展校内融合课

程和校外联合课程。

(一)"放歌联盟"的实践与操作

学校地处市区中心地带,有三个方面的校外资源可以纳入课程体系,形成课程联盟:

一是家长资源,开展家长进校园活动。

二是周边文化资源,让社会变成学生的大课堂,巧用社区人力资源、自然资源、文化资源、组织资源,培养学生健全的人格和良好的社会适应能力。

三是机构资源,联合优质的教育机构、文化机构,共同开设"生命教育""感恩教育""环保教育""公民教育"课程,激活学生全面发展的内生动力。

课程联盟的建立,有助于加强课程内容与学生经验、社会经验、社会生活的联系,培养学生在真实的情境中综合运用知识解决问题的能力。

(二)"放歌联盟"的评价标准

"放歌联盟"评价主要基于学习状态、学习过程和学习效果三方面。(见表1-11)

表1-11 仰天湖小学"放歌联盟"评价量表

姓名:　　　　性别:　　　年级:　　　　日期:
课程名称:

评价项目	评价标准	描述性评价
学习状态	注意力、思考力、表达力。	
学习过程	积极参与、主动获取、分工合作、创造解决。	
学习效果	浓厚兴趣、仔细观察、积极发言、有效交流。	

九、做好"放歌田园",落实劳动教育课程

为进一步贯彻落实教育部、共青团中央和全国少工委《关于加强中小学劳动教育的意见》,学校组织学生在校园内外开展劳动主题教育与劳动实践活动。"放歌田园"主旨是让学生在顺天性的成长过程中,通过田园劳动,体验真实劳动场景,获得真实劳动体验,达到爱学习、爱劳动、珍爱粮食的教学目的。

(一)"放歌田园"的内容与实施途径

在"放歌田园"课程中,从育人目标出发,学生树立劳动意识,养成劳动习惯。

1. 自己的事情自己做。劳动习惯须从小培养。学校与家庭联动,培养、锻炼孩子从小开始劳动的习惯,坚持自己的事情自己做。

2. 树立劳动意识,德育先行。意识先于实践。学校从小学一年级起培养学生的劳动意识,布置相关的劳动主题班会、队会,学生从思想上认识到劳动的重要性。

3. 走进田园,体验农耕文化。走进田园、农场,让劳动真实发生。学生体验真切的农耕,感受劳动不易,珍惜劳动成果。在学校劳动实践基地,学生认识农作物、种花、种植果树、培育果树、采摘果实等,课后进行记录、评价、体会、反思,做到理论指导实践,实践检验真知。

(二)"放歌田园"的评价标准

"放歌田园"主要从内容、形式和效果三方面进行整体评价。(见表1-12)

表1-12 仰天湖小学"放歌田园"评价量表

评价项目	评价标准	评价等级		
		A	B	C
内容设计	1. 劳动主题设计符合小学生年龄特征、身心发展水平。			
	2. 课程目标明确,内容安排合理,贴近小学生生活,能激发学生劳动欲,实操性强。			
	3. 劳动活动有详细的实施方案,步骤清晰。			
开展形式	1. 组织有序,能根据目标组织劳动活动。			
	2. 学生参与度高,参与性强,有强烈的体验感。			
	3. 安全措施到位,安全保障有力。			
活动效果	1. 活动效果好,学生能真正参与,有所获得。			
	2. 活动有效增强学生的劳动意识,提升学生的实际劳动能力。			

十、做强"放歌体验",做活职业启蒙课程

"放歌体验"从学生的真实生活和发展需要出发,以培养学生核心素养为导向,通过组织开展以职业体验为主的实践活动,促进学生对社会、职业和自我的认识,培养学生对未来职业与生活的规划能力。

(一)"放歌体验"的实践与操作

"放歌体验"基于学生发展需求,充分挖掘生活元素,构建校园职业体验教育内容体系。研发校本课程,引领学生学习职业知识与技能;构建职业情境,鼓励学生在校园生活中体验职业趣味;运用社会资源,帮助学生在更广阔的天地中树立职业兴趣与理想。

1. 深耕课堂,开发课例。以心理课和少先队活动课为引导,聚焦开发职业启蒙主题心理课课例,积极开展心理课堂教研活动。通过在心理课堂上进行职业知识讲授,将职业体验的关键要素和能力落实到心理课堂教学当中,帮助学生获得职业生涯规划的基础知识和进行职业生涯规划的综合能力,激发学生进行职业生涯规划的兴趣。

2. 深化体验,丰富活动。在校园内创设真实的职业体验情境,促使学生积极参与到职业体验活动当中。学生从职业角色的外在表现形式、职业的专业能力要求、职业的日常工作状态等多个角度认识、感受、体验不同的职业,加深对相关职业的理解,获得鲜活的职业知识,让学生的职业启蒙教育从枯燥的平面印象走向丰满的真实体验。

3. 整合资源,搭建基地。积极开发家庭、社会中的资源。邀请不同企业的人员或家长,进课堂介绍自己的工作日常。让学生走出校门,走进企业,与湖南的代表性企业进行联动,开展研学活动,根据学生的年龄特点,设置不同的职业体验路线,引领学生体验相关职业日常,在实践体验中接受职业启蒙教育。家校社三位一体,共同促进学生职业生涯启蒙教育。

(二)"放歌体验"的评价标准

职业体验课程评价的过程,既要关注教师对学生的评价,也要形成学生自主评价、同学互评和家校共评的多维评价方式,充分利用智慧校园平台,完善与校外基

地的信息共享,动态观察学生在校内外的综合表现,帮助学生更清晰地认识自己的职业优势和喜好,为制定更科学的职业规划奠定良好的基础。"放歌体验"从学生职业认知的清晰度、职业探究的参与度、职业决策的能力、职业规划的质量等方面进行评价。(见表1-13)

表1-13 仰天湖小学"放歌体验"评价量表

评价项目	评价内容	评价等级		
		A	B	C
职业认知	认识丰富的职业种类,了解不同职业特点与不同岗位的能力要求。			
职业探究	体验不同职业角色,积极参与各类实践探究活动,树立正确的职业观,形成正确的职业发展理念。			
职业决策	积极思考未来的职业发展方向,分析职业岗位变化,能够结合自我认识和职业认识进行职业决策。			
职业规划	多元展示自我职业规划,畅想未来职业发展,具备良好的职业规划能力和社会适应能力。			

综上所述,学校秉承"放歌教育"理念,一方面围绕育人这一核心,在校园内部,让课程、课堂、德育、环境、教师成长等形成环环相扣的育人链条;在校园外围,与家庭、社会、教育机构、其他学校等形成联盟,协同发展。另一方面,学校鼓励教师继续保持开放创新的姿态,积极投入课程创新的教育改革探索中,拥抱新时代的变化,拓宽学习的边界,以此激发学生的无限可能,促进学校教育生态的可持续发展。

第二章
课程治理的时代性

课程具有鲜明的时代性。推进课程治理现代化,要按照课程的时代属性,体现时代精神、时代气息、时代风范、时代态度。确立学校的课程理念要从时间与空间的维度把握时代特质,凸显时代精神;设计课程内容要有时代气息,要注重课程内容与生活的联系;课程实施要有时代风范,要创新学习方式,激发学生学习热情;课程评价要有时代态度,体现生长和发展的特点。

课程具有鲜明的时代性。在推进课程治理现代化的过程中,我们要按照课程的时代属性,体现时代精神、时代气息、时代风范、时代态度。学校课程治理的时代性要解决阻碍学校课程发展的关键问题,主要体现在课程理念、课程内容、课程实施和课程评价上。

一是课程理念要体现时代精神。在确立学校的课程理念时,要开阔视野,从时间与空间的维度把握时代特质,凸显时代精神。课程理念要从学科立场走向教育立场,突出素养立意、育人导向;优化课程内容结构;强化学科实践及跨学科主题学习;践行素养导向质量观。

二是课程内容要有时代气息。课程内容要聚焦核心素养,选择最具有核心素养成分和价值的学科知识内容并进行结构化组织。以大观念、大主题、大任务等对课程内容进行结构化,在课程内容的组织上增强知识之间的联结,加强综合性与情境性,注重课程内容与生活、与其他学科的联系,促进学生核心素养的全面提升。

三是课程实施要有时代风范。课程实施是课程改革的最终落脚点,是课程理念经由课程内容变成现实课程的必由之路。课程实施的时代风范体现在以实践的方式组织课程学习,丰富学生的生命体验。引领学生在情境中、活动中、操作中、应用中、体验中学习,使学科大观念应用和服务生活世界、改善和提升生活世界。为学生留出更多探究性学习的空间,保护好奇心,激发兴趣,培育创新精神。

四是课程评价要有时代态度。课程评价在整个课程系统中都占有十分重要的地位。它既是课程设计与实施的终点,又是课程设计与实施继续向前发展的起点。课程评价的时代性体现为关注个体差异,实现评价指标的多元化。

总之,学校课程治理的时代性凸显的是一所学校面向未来的教育前瞻视野,也是一所学校引领教育发展的时代抉择。它决定课程治理的方向,也推动着课程的未来发展。

"@未来课程"：与世界对话　为未来赋能

长沙市天心区仰天湖实验学校位于天心区书香路790号，创办于2021年8月。学校秉承仰天湖教育集团"顺天性、扬个性、显灵性"的办学理念，以"有爱有发现"为校训，培养有爱、有力、有光的现代人，向着美好未来生长。学校通过打造智慧美创中心、智慧体育体验馆、交互式艺术剧场、多维创客空间、全景式阅读体验中心等未来学习空间，建构起学生成长的活力场，引领学生成为爱与美的发现者、分享者与创造者，成就每一个学生发展的无限可能。学校推进"@未来课程"，让每一个学生成长为有爱、有力、有光的现代人。

第一节　向着未来生长

长沙市天心区仰天湖实验学校通过打造智慧美创中心、多维创客空间、智慧体育体验馆、全景式阅读体验中心等未来学习空间，引领学生成为爱与美的发现者、分享者与创造者，建构起学生成长的活力场，成就每一个师生发展的无限可能。

一、教育哲学："壹教育"

学校以"向着未来生长"为核心理念，建构"壹教育"的教育哲学。

壹的哲学本义指专一纯粹、专精。"壹教育"旨在表达好的教育是专一的、精深的，未来教育唯有以专注、深耕的姿态，才能追求教育境界的高格与纯正。

壹的哲学亦取自《道德经》中的"道生一，一生二，二生三，三生万物"的"一"。"壹"是教育之道的起源，是时间与空间的起始坐标，是万物生生不息的力量源泉。它是最高的"道"，是以整体关怀、全息感应为表征的"一"，是对我们自身存在的重新发现。中国文化之天人合一，"一"亦是整体，是一种整合，是不可切割、融为一体的整合，也是个体之于家庭、之于社会、之于国家、之于世界的圆融统一。

壹是起始。未来从"壹"开始，横向走向丰富，纵向走向深刻。从"壹"出发，我们发现个体的潜能，拥抱无限的可能；从"壹"开始，我们创新教育的方式，引领时代发展的风向。

壹是独特。教育面对每一个独特的"壹"。每一个学生是千百人中的"一"，作为个体，出于家庭，他们也是一个代表全部的"一"；教育关乎每一个个体，教师与学生共同经历的时间、课堂、故事，是万千之中的"一"，也是生命永不再来的"一"。这是数量上的"一"，更是体现生命成长全息性的不可切分、不可重复、不会再来的"一"。

壹是未来。壹即"e"，在网络用语中代表"ie"，代表的是互联网，代表着高科技，代表着时代的进步和社会的发展。"壹教育"提倡在这个时代以最先进的育人方式，坚持创设大数据治理、坚持创客教育和智慧空间等全场景人工智能环境，让孩子们在尽可能现实化的场景中探索和学习。

因此，我们以"壹教育"为哲学，通过"壹德育""壹课堂""壹课程""壹管理""壹教师""壹校园""壹联盟"等维度，全面践行"壹教育"的哲学思想。"壹教育"将成为学校全面发展教育的一种形态，是学校发展素质教育的实践模型，也是学校的教育价值观和内涵发展方法论。

我们的教育信条是：

> 我们坚信，教育就是未来。学校是与未来相遇的地方，向着未来生长是教育最舒展的姿态。
>
> 我们坚信，教育就是生长。创造适合学生成长的土壤，让每一个学生获得充分的、自由的、丰富的、长远的成长，是学校的终极使命。
>
> 我们坚信，教育就是力量。以真感召真，以善涵养善，以美成就美。教育影响生命的朝向，教育汇聚智慧的力量。
>
> 我们坚信，教育就是传承。教师是文化的传承者。知识的传播、智慧的启迪、人格的影响、道德的示范，时间长河的人类文明将由教师传递给下一代。
>
> 我们坚信，教育就是赋能。教师是未来的赋能人。以爱育爱，以智启智，发现每个学生的天赋，激活每个学生的潜能，让每个学生都能在生命的旅程中发出自己的光芒。
>
> 我们坚信，教育就是守望。教师是精神的守护者。点亮希望，点亮梦想，让每一个学生建立自信，激活勇气，以确定的品行、学力与修养迎接不确定的未来带来的一切挑战。
>
> 我们坚信，教育就是探索。学生是未知的探求者，向着未来睁大好奇的眼睛是教育最美的图景，保持探索的热情将给世界带来无数惊喜和欢乐。
>
> 我们坚信，教育就是创造。学生是未来的创造者，每一个学生都有无限的可能，每一个学生都可以比我们想象的更优秀。未来将由他们改变，美好的世界将由他们完成。

我们坚信,教育就是响应。学生是教育的回答者,教育的成功与失败、卓越与平庸、开阔与狭隘,都将由每一个学生的未来交出真实的答卷。今天播种的每一个教育行为,都将成为未来世界的生命记忆。

二、课程理念

基于对办学理念的理解,我校确定了这样的课程理念:与世界对话,为未来赋能。

——课程即儿童立场。学校课程归根结底是为了儿童的发展,尊重儿童是教育的前提条件,也是坚守儿童立场的起点所在。我们将尊重儿童的人格尊严、话语权及兴趣需求,注重培养学生通过创造和再创造知识而学习知识,让课程走向创造化,激发学生思维与行为的自主创造力。

——课程即世界格局。书本不是课程的唯一内容,学校课程是整个世界。我们将注重引导学生过共同体的组织生活,在交往与协作中学习,让课程走向社会化,紧密保持与生活的连接,从生活中就地取材,增强对生活实景的探索与解决问题的能力。

——课程即未来眼光。学校课程是活跃的存在,它需要让儿童走进生活,走进现实,更需要儿童富有未来的眼光,有创新的勇气,有未来的胸怀。我们将构建体现信息时代特点和信息文明要求的课程体系,让课程走向信息化,把信息时代的精神与文化融入其中,将科学、高效、安全、便利的信息化手段渗透到课程中。

——课程即个性张扬。每一个孩子都是有个性的,每一个孩子都有无限的可能,我们要用发展的眼光看待每一个孩子。在实施过程中,我们将尊重每一个学生的人格尊严与个性差异,让课程走向个性化,保持敏锐性,课程内容紧跟时代对学生素养与关键能力的要求而更新。

总之,学校课程将坚守"每个人都能唱出心中最美的那首歌"的教育追求,精心设计学校课程内容,开展有意义的实践活动,让课程理念成为孩子们成长的基石,让学生成长为有爱、有力、有光的现代人。因此,我们将学校课程模式命名为"@未来课程"。在这里,"@"是动词,是主观能动,是有意识的触摸与链接,指示课程从学生自我出发,与世界相连,培养面向未来、探索未来、创造未来的能力;同时"@"

寓意为爱,它秉承"有爱有发现"的校训。爱是一切教育的基础,是一切课程的出发点,是师生未来学习生活中必须具备的品质和能力;"@"的造型,表达的则是一种从自我出发、与世界相连的理念。

我们认为,"@未来课程"具有"6T"特征:Teeming(丰富的),课程的维度是多元的,课程的实施是多彩的,课程的呈现是精彩的,提供丰富、多元的课程内容,才能让不同的个体体验生命的丰富,发现生命的潜能;Tensive(有张力的),从大概念、大单元的理念出发,通过重构课程内容,创新设计课程实施,突破学科课程边界,让课程充满惊喜与好奇;Trip(旅行、旅程),课程体验的过程就是一段学习的旅程,我们倡导愉悦、自由是发展与创新的基石,让学生如同享受旅行一般享受课程的学习,是我们追求的方向;Theme(主题),确立以主题为中心的课程理念,建构主题课程资源,促进课程的融会贯通,提升学生的综合素养,实现课程目标达成;Team(合作、协作),倡导合作为课程学习的主要方式,通过合作发现自己,共享智慧;Telepathy(精神感应的、触动心灵的),追求课程体验中的精神愉悦与心灵滋养,关注学生的真实体验,为学生的心灵成长赋能。

第二节　有爱、有力、有光的现代人

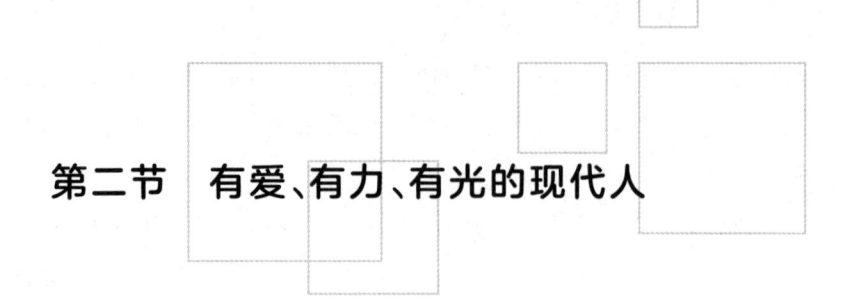

学校基于国家培养目标，结合"壹教育"哲学，建立了具体的、便于实践操作的、能切实引领学生发展的学校育人目标。

一、育人目标

壹是起始，一切教育从爱出发，培养学生人之为人的根本能力——有爱；壹是独特，引领师生成长为最好的自己，培养师生的专长——有力；壹是未来，带领师生向着未来生长——有光。学校育人目标既体现学校教育的追求，也体现学校的文化特色。

学校以培养有爱、有力、有光的现代人为育人目标。所谓有爱，爱自己，爱他人，爱世界；有力，会学习，会健身，会创造；有光，勇实践，敢担当，乐奉献。"有爱、有力、有光"三个核心目标相辅相成，构成聚焦现代、指向未来的基础。

二、课程目标

依据仰天湖实验学校全体师生的课程愿景，我们将育人目标细化，并结合学生年龄差异，划分为各年级的课程要求，厘定"@未来课程"的目标（见表2-1）。

表2-1 仰天湖实验学校"@未来课程"目标表

年级	有爱	有力	有光
一年级	认识自己的身体,懂得自我保护,远离伤害;在老师指导下学会与同伴相处,主动亲近同伴;亲近大自然,认识周边常见的动植物;初步了解中国文化。	掌握一年级文化课课程标准规定的要求,对学习产生兴趣并树立信心;乐于参加各种体育游戏活动,学会跳绳;了解定格动画,能和同学说自己对艺术作品的感受。	喜欢参与学校活动,了解学校纪律;学会自己的事情自己做,有小主人意识。
二年级	体会成长的快乐,能够看到自己的进步和不足,欣赏他人的优点和长处;在老师指导下,能与他人合作,结交班级里的几个好朋友;愿意亲近大自然,尝试多角度认识常见的自然现象和规律;初步了解世界文化。	掌握二年级文化课课程标准规定的要求,对身边的事物有好奇心,能参与学习活动,用画图的方法解决简单问题;初步掌握简单体育技术动作,学会正确的身体姿势;逐步体验定格动画的制作工序,合作完成制作。	热爱学校和班集体,遵守学校纪律,积极参与学校和班级活动,有集体荣誉感;乐于参与家庭生活的事务,养成良好卫生习惯。
三年级	初步认识和体验人的生命是可贵的,珍惜生命,注重个人礼仪,能与他人友好合作;主动与父母沟通交流,体谅父母的辛苦;仔细观察、感受大自然,能够从生活中提炼自己感兴趣的问题并想办法解决;进一步了解中国文化。	掌握三年级文化课课程标准规定的要求,养成良好的预习习惯,初步学会了解信息的方法,会用喜欢的方式表现所见所闻;掌握简单的体育技术动作,并乐意向他人展示;提高动手能力,能够利用废旧物品创作,学会利用剪纸作品完成定格动画的拍摄。	主动参与力所能及的家务,学会承担家庭责任;具有规则意识并会遵守规则,积极为班集体做出自己的贡献。
四年级	学会认识自己,理解他人,对他人有同情心,生活自理能力强;了解社会交往的基本规则,愿意倾听,会与他人分享;热爱大自然,理解保护自然的重要性,爱护动物,节约资源;进一步了解世界文化。	掌握四年级文化课课程标准规定的要求,养成良好的学习习惯,会做学习笔记,尝试从日常生活中发现和提出问题,探索分析和解决问题的方法;会简单的组合动作,初步具有正确的运动姿势,乐意向他人展示;乐于参与探究学习,能利用黏土作品完成定格动画的拍摄。	初步了解维护国家统一和民族团结的重要性;知道法律能够保护自己的生活,主动参与学校事务。

续表

年级	有爱	有力	有光
五年级	树立生命至上的观念,敬畏生命,初步了解青春期健康知识;能站在他人立场理解问题,会感恩、能包容,孝敬父母;感受大自然的力量,敬畏大自然;深入了解中国文化,树立文化自信。	掌握五年级文化课课程标准规定的要求,熟练掌握了解信息的方法,主动参与学习活动,会用思维导图的方法梳理知识;初步掌握运动基本技术和避险方法;对生活中新奇事物有探究欲望,能以木偶角色为主题制作定格动画。	学习参与家庭决策,为父母分忧;参与力所能及的志愿者活动。
六年级	正确认识自己,自信乐观,了解青春期的卫生保健知识,学习调控情绪;通过各种活动,培养团结、协作精神;学会与大自然和谐相处之道,自觉保护环境,初步了解可持续发展理念;深入了解世界文化,树立文化自信。	掌握六年级文化课课程标准规定的要求,找到适合自己的学习方法,能制定学习计划,尝试在真实情境中发现和提出问题,运用所学知识分析与解决问题;积极参加体育活动,能用正确的姿势学习、运动和生活;学会采访调查,能运用综合材料制作定格动画作品。	树立维护国家统一和民族团结的责任意识;学习民主管理的规则和程序,参与社会公益活动。

第三节　拓宽未来学习空间

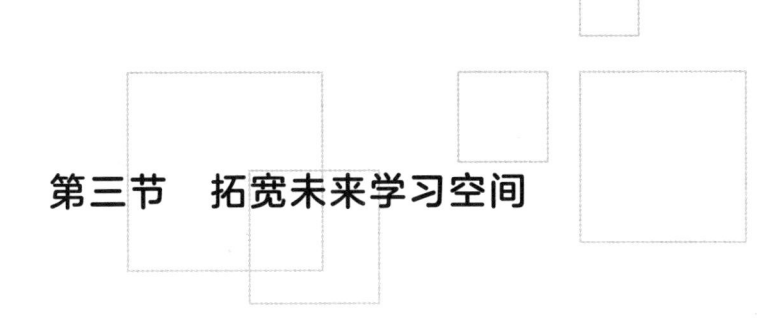

为了实现上述课程目标，我校以"壹教育"为指导，建构了"@未来课程"体系，形成相对独立又共通融合的课程架构。

一、课程结构

学校所有空间环境都可学习，全部流程动作都围绕学习，处处指向学习目标，无边界、有秩序，让未来校园走向科学平衡的环境、空间、技术与文化校园建构，全方位促进学习的生态系统。根据儿童多元智能理论，我们将"@未来课程"分为以下六个板块：语感力课程、思维力课程、探究力课程、健康力课程、审美力课程、人格力课程。（见图2-1）

上述六大类课程板块，分别聚焦特定领域。

1. 语感力课程指向语言与表达领域，包括呦呦晨诵课、童心与童诗、心灵阅读者、名角戏剧汇、我手写我心等，多渠道挖掘和提升学生的语言能力，引导学生敢于表达、乐于表达、善于表达。

2. 思维力课程指向逻辑与思维领域，包括左右脑开发、方格、数阵、排队问题的秘密、有趣的立体图形、魔力七巧板、小小设计师、奇妙的火柴棒、一笔画游戏、对称之美、必胜策略、重叠问题、24点游戏、破译乘除法竖式、柯南断案、日历中的数表、跑道的小秘密、鸽巢问题、体育比赛中的数学问题、小小经济师等。在思维力课程学习过程中，以学生活动为载体，培养学生逻辑思维能力，提升思维水平，真正释放学生学习活力。

3. 探究力课程指向科学与探索领域，包括画出我的好朋友、动物的奇妙"旅行"记、用思维导图"装扮"地球妈妈、人体艺术馆、神奇的水、运动的机器人、设计声控

```
┌────────┐      ┌──────────────────────┐
│教育哲学│─────▶│    壹教育            │
└────────┘      │壹·起始 壹·独特 壹·未来│
                └──────────────────────┘
┌────────┐      ┌──────────────┐            ┌────┐
│办学理念│─────▶│向着未来生长  │            │有爱│
└────────┘      └──────────────┘            └────┘
┌────────┐      ┌────────────────────┐
│课程理念│─────▶│与世界对话 为未来赋能│
└────────┘      └────────────────────┘
┌────────┐              ┌──────────┐
│课程模式│─────────────▶│"@未来课程"│
└────────┘              └──────────┘
```

	语感力课程	思维力课程	探究力课程	健康力课程	审美力课程	人格力课程
	语言与表达	逻辑与思维	科学与探索	运动与健康	艺术与审美	自我与社会
课程结构	语文、英语	数学、信息科技	科学	体育与健康	音乐、美术	道德与法治
	呦呦晨诵课 童心与童诗 心灵阅读者 名角戏剧汇 神笔小作家 ……	思维阶梯 图形视界 数学游戏 少儿编程 3D打印 ……	快乐木头人 春风十里 二十四节气 太空种子 种植 ……	跆拳道 羽毛球 啦啦操 篮球 街舞 ……	百灵鸟合唱 定格动画 形体美学 博物馆课程 口风琴课程 ……	"有爱"德育 "有力"德育 "有光"德育 ……

| 课程实施 | 壹课堂 | 壹学科 | 壹社团 | 壹之旅 | 壹校园 | 壹探究 | 壹节日 | 壹空间 | 壹舞台 | 壹工场 | 壹达人 | 壹基地 |

| 育人目标 | 培养有爱、有力、有光的现代人 |

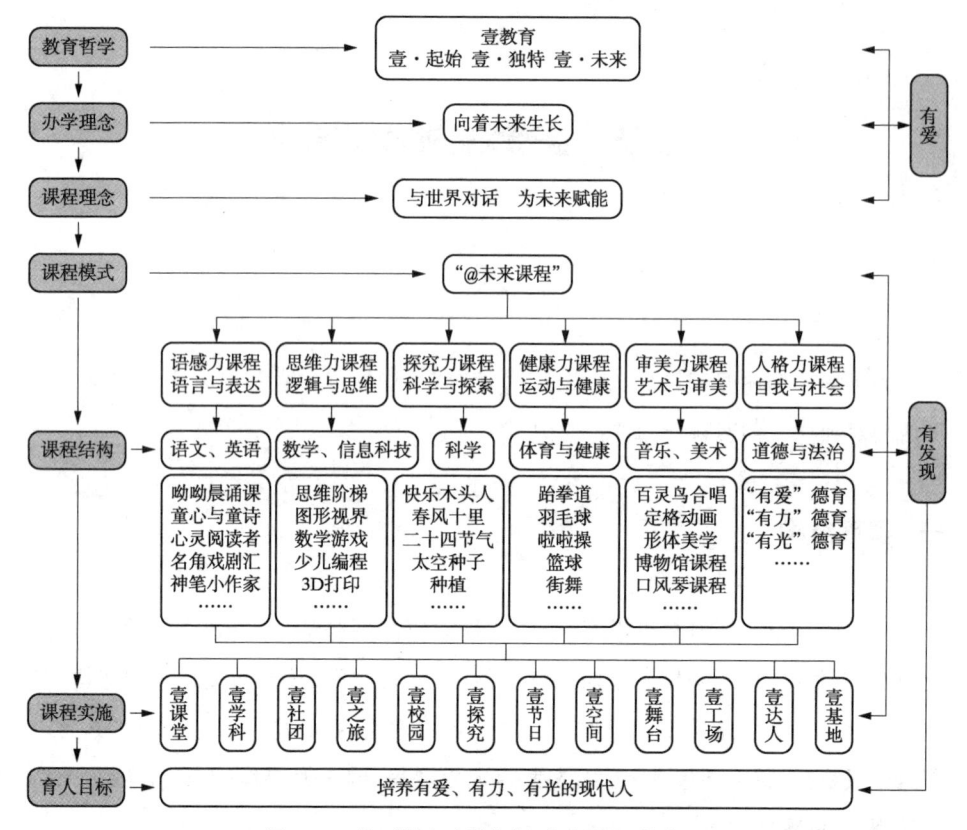

图2-1 仰天湖实验学校"@未来课程"结构图

电灯、小小电修工、3D打印创意钟表、电脑设计+木工造船、地球运动定格动画、搭建"春风十里"木工房等,释放每一个生命体的蓬勃的学习活力。

4. 健康力课程指向运动与健康领域,包括我爱跳绳、韵律操、街舞、跆拳道操、羽毛球团体赛、足球联赛、篮球联赛等。在健康力课程的学习中,孩子们身体更强壮,心理更健康。

5. 审美力课程指向艺术与审美领域,包括动画是个大家族、动画鉴赏大师、植物图案、玩具大联盟、记住自然、幕后玩家、抓髻娃娃动起来(平面剪纸)、神秘花园(立体剪、折纸)、变化的气候、劳动人民、丰收的季节、大海的馈赠、木偶歌剧院、"森"入人心、梦幻空间、未来城市等。在审美力课程的学习中,孩子们气质更优雅,情感更丰富。

6. 人格力课程指向自我与社会领域,包括我爱我的集体、我有好习惯、我会好好成长等三大系列。在课程学习中,孩子们人格更健全。

二、课程设置

为凸显学校育人特色,促进学生的全面发展,我校严格执行国家颁布的课程设置方案,执行三级课程管理。除了基础课程,我校深度挖掘地区课程资源,对学科知识内容进行拓展与提升,推进学生对自我、自然和社会的整体认识和体验,发展学生的创新能力、实践能力以及良好的个性品质,全面系统地规划与设计学校课程,建构"@未来课程"体系(见表2-2)。

表2-2 仰天湖实验学校"@未来课程"设置表

年级		语感力课程	思维力课程	探究力课程	健康力课程	审美力课程	人格力课程
一年级	上学期	古韵晨诵《呦呦诵1》 汉字之美:拼音游戏 阅读花园:绘本花园 口才达人:独特的"我" 习作能手:我爱……	逻辑推理:左右脑开发 逻辑推理:方格中的秘密 数学抽象:排队中的秘密 直观想象:有趣的立体图形	未来的我 我与名画同框 画出我的好朋友——植物	我爱跳绳 定向越野 跆拳道	动画是个大家族 观察昆虫	我爱我的集体(1) 我有好习惯(1) 我会好好成长(1)
	下学期	古韵晨诵《呦呦诵2》 汉字之美:汉字闯关 阅读花园:童声诗韵 口才达人:一起做游戏 习作能手:我手写我心	直观想象:魔力七巧板 直观想象:小小设计师(平面图形) 数学抽象:图文代换 逻辑推理:简单的数阵	自画像之期待中的我 小动物的奇妙"旅行"记(写故事)	韵律操 定向越野 跆拳道	动画鉴赏大师 植物图案	我爱我的集体(2) 我有好习惯(2) 我会好好成长(2)

续表

年级		语感力课程	思维力课程	探究力课程	健康力课程	审美力课程	人格力课程
二年级	上学期	古韵晨诵《呦呦诵3》 汉字之美：妙用字典 阅读花园：童真漫画 口才达人：打商量 习作能手：看图写话	数学运算：趣味乘法 数学运算：加减法巧算 直观想象：奇妙的火柴棒 直观想象：立体图形计数	未来生活 生活小妙招：节水器 用思维导图"装扮"地球妈妈	街舞 定向越野 跆拳道	玩具大联盟 记住自然	我爱我的集体(3) 我有好习惯(3) 我会好好成长(3)
	下学期	古韵晨诵《呦呦诵4》 汉字之美：汉字朋友 阅读花园：童话王国 口才达人：我的未来 习作能手：我的好朋友	直观想象：对称之美 数学运算：趣味除法 数学抽象：巧填算符 直观想象：一笔画游戏	小木艺创造美好生活 人体艺术馆（黏土艺术）	街舞 定向越野 跆拳道	幕后玩家 发现与寻找	我爱我的集体(4) 我有好习惯(4) 我会好好成长(4)
三年级	上学期	古韵晨诵《呦呦诵5》 汉字之美：猜字谜 阅读花园：寓言故事 口才达人：我的小老师 习作能手：生活日记	逻辑推理：数列有规律 数学运算：和倍问题 数学抽象：数阵进阶 数学建模：枚举的妙用	未来阅读 设计班级读书节活动 神奇的水——定格动画	跆拳道操 定向越野	抓鬏娃娃动起来（平面剪纸） 大海 管弦乐	我爱我的集体(5) 我有好习惯(5) 我会好好成长(5)

续表

年级		语感力课程	思维力课程	探究力课程	健康力课程	审美力课程	人格力课程
三年级	下学期	古韵晨诵《呦呦诵6》 汉字之美：趣味多音字 阅读花园：科幻世界 口才达人：故事大王 习作能手：观察日记	数学建模：必胜的策略 数学抽象：奇妙的年龄 数学运算：带余除法初探 数学建模：重叠问题	创想未来阅读空间、未来阅读方式 运动的机器人（科学+人工智能）	跆拳道操 定向越野	神秘花园（立体剪、折纸） 变化的气候 管弦乐	我爱我的集体(6) 我有好习惯(6) 我会好好成长(6)
四年级	上学期	古韵晨诵《呦呦诵7》 汉字之美：归类结构字 阅读花园：神话传说 口才达人：环保宣传官 习作能手：以信写"心"	数学抽象：巧填算符 逻辑推理：有趣的周期 数学建模：差倍问题 数学运算：带余除法进阶	未来职业 探寻七十二行的秘密 设计声控电灯	羽毛球团体赛 定向越野 跆拳道	劳动人民丰收的季节 管弦乐	我爱我的集体(7) 我有好习惯(7) 我会好好成长(7)
	下学期	古韵晨诵《呦呦诵8》 汉字之美：墨韵书法 阅读花园：心灵启智 口才达人：故事新编 习作能手：我是小诗人	数学抽象：数字的规律美 数学运算：24点游戏 数学建模：神奇的方阵 数学建模：鸡兔同笼	我的职业创想 采访身边的劳模 小小电修工	羽毛球团体赛 定向越野 跆拳道	家有喜事 大海的馈赠 管弦乐	我爱我的集体(8) 我有好习惯(8) 我会好好成长(8)

续表

年级		语感力课程	思维力课程	探究力课程	健康力课程	审美力课程	人格力课程
五年级	上学期	古韵晨诵《呦呦诵9》 汉字之美：硬笔书法 阅读花园：话说三国 口才达人：校园讲解员 习作能手：趣味习作	直观想象：几何图形计数 数学运算：破译数学运算（乘除法竖式） 数学抽象：数阵的秘密进阶 数学建模：植树问题	未来艺术 艺术美化生活 学习一门艺术特长 3D打印创意钟表	足球联赛 定向越野 跆拳道	木偶歌剧院 "森"人人心 管弦乐	我爱我的集体(9) 我有好习惯(9) 我会好好成长(9)
	下学期	古韵晨诵《呦呦诵10》 汉字之美：姓氏溯源 阅读花园：水浒英雄 口才达人：小剧场展演 习作能手：佳作有约	逻辑推理：操作类智巧挑战（类似空瓶倒酒等） 逻辑推理：日历中的数表 数学建模：相遇、追及问题 数学建模：找次品	美化校园 美化校园的角落 装点自己的房间 电脑设计+木工造船	足球联赛 定向越野 跆拳道	木偶太空历险记 在花海中起舞 管弦乐	我爱我的集体(10) 我有好习惯(10) 我会好好成长(10)
六年级	上学期	古韵晨诵《呦呦诵11》 汉字之美：汉字溯源 阅读花园：漫话西游 口才达人：小小书评人 习作能手：推荐一本书	数学运算：简便运算 逻辑推理：柯南断案 数学抽象、数学建模：韩信点兵 直观想象：跑道的小秘密	未来城市 了解城市规划常识 地球运动定格动画	篮球联赛 定向越野 跆拳道	梦幻空间 关爱动物 管弦乐	我爱我的集体(11) 我有好习惯(11) 我会好好成长(11)

续表

年级	语感力课程	思维力课程	探究力课程	健康力课程	审美力课程	人格力课程
下学期	古韵晨诵《呦呦诵12》 汉字之美：软笔书法 阅读花园：趣品红楼 口才达人：辩论赛 习作能手：作文回忆录	数学建模：体育比赛中的数学问题 数据分析：小小经济师（利息、折扣等） 数学抽象：竖式数字谜 逻辑推理：鸽巢原理	设计未来城市规划图 搭建"春风十里"木工房	篮球联赛 定向越野 跆拳道	爱护自然就是爱护我们自己 管弦乐	我爱我的集体(12) 我有好习惯(12) 我会好好成长(12)

第四节　让儿童奔跑在未来的路上

学校创新课程实践的时空和实施策略,以微课程、短课程、长课程、长短课程相结合等形态,将平面的表述转化为立体的教育教学实践,灵活地展开课程学习。根据"@未来课程"体系的六大领域,用基础型课程促进国家课程校本化实施,用拓展型课程对国家课程进行有效补充,落实地方课程要求,用研究型课程引领校本课程实践。全校六个年级全面实施"@未来课程",依据学生年龄差异和个性特长,设置分年级的课程目标和课程内容,补充个性化课程资源,通过建构"壹课堂"、提升课程实施品质,建设"壹学科"、强化学科课程特色,创设"壹社团"、发展儿童兴趣爱好,推行"壹之旅"、落实研学旅行课程,激活"壹校园"、发展环境隐性课程,做实"壹探究"、开发项目学习课程,做细"壹节日"、落实节庆文化课程,创意"壹空间"、开发创客教育课程,搭建"壹舞台"、开设艺术表演课程,开发"壹工场"、开设劳动教育课程,评选"壹达人"、发展个性特长课程,拓展"壹基地"、优化综合实践课程等十二条途径,充分挖掘"在地文化"资源,开放课程空间,让儿童奔跑在未来的路上。

一、建构"壹课堂",提升课程实施品质

"壹课堂"是以学生为主体的课堂,主张唤醒学生学习态度的转变,变被动接受为主动探究,积极思考、自主探究、热情参与、做中求知;"壹课堂"也是合作的课堂,积极帮助学生学习方式的转变,变单边接受为合作共享,个体学习在先,小组合作在后,鼓励个性灵动,促发合作共赢;"壹课堂"亦是衍生的课堂,努力实现学生学习效能的转变,变知识储藏为智慧衍生,激发探索欲望,培养发现眼光,学会批判,学会求证,举一反三,生发智慧;"壹课堂"更是"e"课堂,将信息技术(工具)引入课堂,促进课堂教学变革,培养未来全面的人。

(一)"壹课堂"的实践操作

"壹课堂"是有爱的课堂,充分发挥学生的主观能动性,以生为本,看见每一个孩子的成长进步;"壹课堂"是有力的课堂,以问题作为学生成长的阶梯,激发问题意识,提升思维能力,让学生成为生活的探索者,让教师成为课堂的生成者;"壹课堂"是有光的课堂,促进小组学习交流,培养合作探究的能力。在"壹课堂"上,语文教师把每一个问题都变成习题;在"壹课堂"上,数学教师把每一个要完成的任务当作能力提升的训练机会;在"壹课堂"上,英语教师创设每一个素养提升的情境,提高学生的听说读写能力;在"壹课堂"上,教师关注教室里的每一个人,带领学生用好课堂上的每一秒钟,做好课堂里的每一件事。

基于上述考虑,学校根据学生的学习需求,对国家课程进行校本化解读,打破学科壁垒,整合学习资源,以问题为导向,以大单元教学为抓手,实现系统整体性的深度学习,构建"壹课堂",注重培养学生在真实情境中综合运用知识解决问题的能力,强化课程协同育人功能。

(二)"壹课堂"的评价标准

秉承过程性、生成性、发展性的原则,我们强调以过程性评价为导向、以表现性评价为结果,关注动态变化,关注教师对教学策略的自主构建和应用及对教学组织的调整,追求教学相长的课堂(见表2-3)。

表2-3 仰天湖实验学校"壹课堂"评价标准

评价维度	评价内容	评价标准	权重	
教学指导	目标设定	学情分析合乎实际,课时目标具体、明确、有层次,与学科、学情、内容契合度高。	50%	10%
	内容处理	容量、难易适中;重点突出,难点处理得法;自选资源适合学情。		10%
	学习引导	讲授精炼,启发得当;设问具体、明确,有启发性;情境创设紧扣主题、有效促进教学;课堂生成运用恰当。		10%
	课堂组织	面向全体,教学民主;节奏恰当,有张有弛;方法得当,活动有效,板书合理。		10%
	评价反馈	态度亲切,言行得体,评价及时;激励为主,尊重个性,针对性强。		10%

续表

评价维度	评价内容	评价标准	权重	
学习状态	参与状态	全员参与,注意集中;活动积极,主动性强,梯度合适。	50%	10%
	人际交往	善于倾听,答问语言得体;互动多向,交流积极,合作有效。		10%
	思维状态	主动思考,善于质疑;乐于动脑、动手,勇于探究。		10%
	情感体验	感情真实、积极;精神饱满,兴趣浓厚;能从学习中体验快乐,自我调节情绪。		10%
	目标达成	掌握课堂新知,学会实验或实践操作;相关智能得到发展,独到见解得到肯定。		10%

二、建设"壹学科",强化学科课程特色

我们在国家课程的基础上,依据课程方案及课程标准,依据学生的年龄特点,鼓励教师将学校的课程理念、目标与国家课程教学过程相结合,融入区域资源,进行二次开发,使学科课程得以拓展、延伸、整合,创建鲜明的学科特色,实现学科素养的真正落地。

(一)"壹学科"的建构与实施

1. "智灵语文"。"智灵语文"课程以识字与写字、阅读与鉴赏、表达与交流、梳理与探究等语文实践活动为主线,在真实的语言运用情境中,通过积极的语言实践,积累语言经验,体会语言文字的特点和运用规律,培养语言文字运用能力。"智灵语文"课程以生活为基础,整合学习内容、情境、方法和资源等要素设计语文学习任务群,突出内容的时代性。"智灵语文"课程注重听说读写的整合,关注个体差异和不同的学习需求,鼓励自主阅读、自由表达,充分发挥信息技术的支持作用,拓展语文学习空间,提高语文学习能力。"智灵语文"课程包括古韵晨诵《呦呦诵》、汉字之美、阅读花园、绘本花园、口才达人、习作能手等。

2. "智维数学"。"智维数学"课程旨在培养学生用数学的眼光观察现实世界,

用数学的思维思考现实世界,用数学的语言表达现实世界。"智维数学"课程重视找寻思维的生长点,打破已知和未知之间的壁垒,在深度学习的过程中,培育思维的深刻性。"智维数学"课程注重找寻思维的发展点,在数学学习的操作、实践、研究、反思中,把数学事实说清楚,把数学本质悟明白。"智维数学"课程强调找寻思维的加速点,用图示的方式让思维可视化,用数学的语言精准表达自己的思考,引领学生思考可表达。

3. "智享英语"。"智享英语"课程是学习语言知识的课程,更是学习不同思维方式的课程。学生在学习和运用英语的过程中,了解不同文化,树立国际视野,涵养家国情怀。"智享英语"课程注重培养学生的语言技能,包括听、说、读、写等方面的技能及其综合运用,本着学用结合、课内外结合、学科融合的原则,开展英语综合实践活动,把学生的学习从书本引向更广阔的现实世界,拓展并加深学生对自我、自然和社会的认知与体验。

4. "智健体育"。"智健体育"课程坚持健康第一的教育理念,重视育体与育心、体育与健康教育相融合,以学、练、赛、评一体化的教学形式,促进学生身心健康、体魄强健、全面发展。"智健体育"课程以身体练习为主要手段,以体育与健康知识、技能和方法为主要学习内容,以发展学生核心素养和增进学生身心健康为主要目的,促进学生养成健康的生活方式,身心健康发展。

5. "智美艺术"。"智美艺术"课程以定格动画为表现形式,创造性地运用传统器具、材料和现代媒介,充分调动学生的听觉、视觉、触觉等多种感觉,融想象、思考、创造于一体,增强学生对艺术的深层体验,丰富学生的精神世界。"智美艺术"课程以项目式学习任务为主,将知识、技能嵌入其中,促进学生深度理解知识、掌握技能,提升综合能力。"智美艺术"课程坚持以学生发展为本的教育理念,坚信每一个学生都具有学好艺术的潜能。面向全体学生,丰富艺术实践活动,建立学会、勤练、常展(演)于一体的机制,激发每一个学生的艺术潜能,发展学生的艺术素养。

6. "智悦道德与法治"。"智悦道德与法治"课程以成长中的"我"为原点,由自我认识到我与自然、我与家庭、我与他人、我与社会、我与国家和人类文明,不断扩展学生的认识和生活范围。"智悦道德与法治"课程以道德与法治教育为框架,有机融入国家安全教育、生命安全与健康教育、金融素养教育等相关主题,强化中华民族传统美德、革命传统和法治教育。

7."智趣科学"。"智趣科学"课程注重实践性,致力于保持学生对自然现象的好奇心,遵循"少而精"原则,聚焦学科核心概念,精选学习内容,设计系列学习活动,由浅入深、由表及里、由现象到本质,规划适合不同学段的、螺旋上升的课程目标和课程内容,设计适合不同学段的探究和实践活动,形成有序递进的课程结构。"智趣科学"课程倡导以探究和实践为主的多样化学习方式,让学生主动参与、动手动脑、积极体验,经历科学探究以及技术与工程实践的过程,引导学生从亲近自然走向亲近科学,初步从整体上认识自然世界,理解科学、技术、社会与环境的关系,发展基本的科学能力,形成基本的科学态度和社会责任感。"智趣科学"课程的学习活动主要包括观察、测量、实验探究、制作、调查、种植养殖、项目研究、科普剧等,倡导跨学科融合。

8."智云信息科技"。"智云信息科技"课程主要研究以数字形式表达的信息及其应用中的科学原理、思维方法、处理过程和工程实现,帮助学生学会数字时代的知识积累与创新方法,引导学生在使用信息科技解决问题的过程中遵守道德规范和科技伦理。"智云信息科技"课程以数据、算法、网络、信息处理、信息安全、人工智能为课程逻辑主线,按照学生的认知发展规律,遴选科学原理和实践应用并重的课程内容。"智云信息科技"课程从信息科技实践应用出发,通过电子作品创作、仿真实验、系统搭建等,帮助学生理解基本概念和基本原理,提升学生知识迁移能力和学科思维水平。

9."智创劳动"。"智创劳动"课程注重动手实践、手脑并用,知行合一、学创融通,倡导"做中学""学中做",因地制宜,开发劳动项目,形成校本化劳动清单,激发学生参与劳动的主动性、积极性和创造性。"智创劳动"课程引入新形态、新技术、新工艺等,打造"春风十里"种植园,掌握现代劳动技术。"智创劳动"课程包括"快乐木头人"木工课程、"春风十里"育花课程、太空种子课程、学校小导游课程、雷锋少年实践课程、激光切割技术课程、智能控制课程等。

"壹学科"着眼于教育视角、儿童视角、学科视角,在学科主张的引领下合理安排课程内容,灵活安排授课时间,发展思维能力,拓宽学生视野。在保证国家课程的前提下,创设性开展地方课程与校本课程,依托"向着未来生长"的教育理念,创建学科特色,使学科呈现蓬勃的活力,实现学科素养的真正落地。

(二)"壹学科"的评价要求

"壹学科"依据课程标准,设计科学合理的教育教学活动,扎实有效地提高学生的学科素养。依据"壹学科"评价标准,引导教师科学合理开发与实施学科课程(见表2-4)。

表2-4 仰天湖实验学校"壹学科"评价标准表

项目	评分要点	分值
学科课程	建成本学科特色课程群,国家课程校本化实施的体系成熟,课程内容丰富、趣味性强。	20
学科学习	注重学生体验学习和问题探究,学生的学习效率和学习效果变化明显,学习评价公平、有效。	20
课堂教学	课堂民主和谐,气氛活跃,开展多种教学活动,引导学生自主、探究学习,学习方式有效多样,问题设计有针对性,客观评价学生,效果好。	40
学科团队	有一套能促进教师专业化发展的教研制度,固定的日常教研活动有安排并能逐项落实。积极探索新的课堂教学模式,组内有小课题研究。	20

注:90分以上为优秀,70—89分为良好,60—69分为合格。

三、创设"壹社团",发展儿童兴趣爱好

差异造就了世界的丰富。"壹社团"关注每一个孩子的个性发展,让爱唱歌的孩子去歌唱,让爱跳舞的孩子去旋转,让爱运动的孩子去奔跑。"壹社团"活动的开发与实施,旨在激发学生的创造力与自我探究能力,助力素质教育的深入开展,提升学生的核心素养,促进学生的健康成长。基于此,学校从培养学生核心素养的视角切入,审视"壹社团"的管理与建设,开发与实施独具特色的社团活动,落实素质教育要求,促进学生全面发展。

(一)"壹社团"的主要类型

"壹社团"课程建设坚持"五育"并举,促进学生德智体美劳全面发展,课程种类丰富,尤其在素质拓展课程方面,体现丰富性、多样性和个性化等。"壹社团"的主

要类型有文史类、科创类、阳光体育类、艺术类、劳育类、有爱德育类等六大类三十多门。

1. 文史类社团承载涵养学生文化底蕴的重要功能，发挥学校育人主阵地作用。例如，打造深度阅读系列课程，依托课后服务为学生提供阅读的时间和空间，培养学生的阅读能力。

2. 科创类社团着眼于培养学生的创新思维，提高学生的想象力、观察力、动手能力、创造能力等。该社团开设3D打印、无人机、人工智能（AI）编程等课程，以项目式学习和探究式研究为主。

3. 阳光体育类社团着眼于提升青少年体质，开发运动健身类课程，包括武术、羽毛球、篮球、跆拳道、AI智慧跳绳、街舞、啦啦操、拉丁舞等。

4. 艺术类社团着眼于促进学生的个性化成长，培养兴趣爱好，提高艺术审美鉴赏能力，重点打造学生管弦乐团、舞蹈团、合唱团、书法队、美术队、舞台剧团等。

5. 劳育类社团拉近学生同生活、社会、自然的距离，如"春风十里"劳动美学空间，以综合实践活动课的形式开展的快乐木头人木工课等，注重思维融通，面向学生生活领域延伸。

6. 有爱德育类社团的开设是实现学校育人功能的关键，主要包含社会主义核心价值观教育、心理健康教育、未成年人思想道德建设等，依托德育微视频课程打造特色德育社团。

社团课程的开展时间为每周五下午，采用跨年级走班上课的形式。社团基本实施路径是：申报社团课程—撰写课程纲要—教学部门审核—发布选课信息—学生线上选课—社团开课—社团展示总结。

（二）"壹社团"的评价要求

学校充分利用"三点半"课后服务时间开展丰富有趣的社团课，从课程调研、师资配备、课中管理、课后评价四个方面抓落实，以成果思维推进社团评价。"壹社团"的监督与评价在检验课程设计和实施、课程阶段性目标的完成情况以及学生学习结果或培养素质等方面展开（见表2-5）。

表2-5 仰天湖实验学校"壹社团"课程实施评价细则

评价主体		评价维度	总分	评价人员
教师评价		课程设计。	10分	课程中心
		课程实施。	10分	
		课程效果。	10分	
		课堂掌控。	10分	
		培养素质及成果成效。	10分	
学生评价	学生自评	对课程内容和方法的接受程度。	5分	授课教师
		理解知识和应用技能。	5分	
		探究兴趣欲望以及学习自信心。	5分	
	学生互评	同学之间参与和合作程度。	5分	同伴评价
		课堂氛围和谐。	5分	
		同学的表现力和影响力。	5分	
家长评价		对学生参与社团课程满意度调查。	10分	课程中心
		意见建议。	10分	

"壹社团"评价注重阶段性、发展性和多样性,即不只是对结果的评价,而是注重变化和发展过程、重视学生改进程度的增值评价;不只是知识层面的评价,而是整合了包括认知、情感、态度、技能、行为等的多方面综合评价。

四、推行"壹之旅",落实研学旅行课程

"壹之旅"创造一个行走的课堂,学生的学习从小课堂延伸到大社会,在研学课程中突出实践育人特色,坚持组织教育、自主教育、实践教育相统一,突出少先队的组织属性,强化学生的小主人意识和参与能力,坚持把实践育人作为学校教育的基本形式之一,促进学生在集体中健康成长,使学校教育、家庭教育、社会教育相互配合、相得益彰。

(一)"壹之旅"的课程设计

长沙市有着丰富的红色历史文化遗产,有湖南省立第一师范学校旧址、湖南第

一师范青年毛泽东纪念馆、岳麓山、橘子洲等,有利于不断加快建立校内外互为补充、有机联动的实践教育体系,不断拓展实践活动项目和载体。依托长沙红色教育场馆、校外社会实践活动基地等,我校开展"壹之旅"研学课程,以争做新时代好队员主题实践活动为统揽,按照不同年龄和学段特点,分层开展看红色电影、访红色足迹、说红色故事、讲红色文化、做红孩子等实践活动,让学生在行走、体验、实践的过程中,享受成长的快乐。

(二)"壹之旅"的课程评价

在研学过程中,评价注重研、学、评一致性,结合红领巾争章活动,向未来评价体系从德、智、体、美、劳五个维度开展实时评价(见表2-6)。

表2-6 仰天湖实验学校"壹之旅"课程评价表

评价要素	评价项目	分值		评语
	评价内容	赋分	得分	主要优缺点
课程主题	主题表意准确,简洁明了。	10		
课程资源	突出地方特色,符合校情。	10		
课程目标	具体清晰,可实现,可检测。	10		
课程内容	针对不同学段、不同年龄学生特点设计内容丰富、易实践的活动。	10		
课程实施	设计具体的活动方案,安排合理,流程紧凑,学习层次清晰。	10		
课程评价	评价包含学生行前、行中、行后等阶段表现。	10		
研学手册	能记录学生在活动中的连续活动和探究痕迹。	10		
安全保障	交通、食宿、活动、保险健全,应急预案具体恰当,要点完备。	10		
成果成效	学生参与面广,参与度深,满意度高;学生成果丰富完整。	20		
	合计	100		

注:90分以上为优秀,70—89分为良好,60—69分为合格。

五、激活"壹校园",发展环境隐性课程

学生是学校的主人,应该让学生也参与到校园文化的设计中来,让每一面墙都开口说话。学校利用自身优势,师生共创,结合校园文化,开展主题性活动,如走廊文化、"春风十里"、艺术长廊、红领巾未来成长营等,激活环境隐性课程。

(一)"壹校园"的课程激活

整洁、美观的校园环境能给学生增添生活和学习的乐趣,激发学生热爱校园的情感。因此,教师充分发挥学生的主体性,激发学生用智慧和双手创设有特色的校园文化环境:艺术长廊呈现的是琴、棋、诗、书、画方面具有特长的孩子的照片和作品;走廊文化装饰分六个主题板块,分别是合作、融合、健康、创新、阅读和审美板块,每个主题的走廊墙壁上分别挂有相应主题的学生作品,贴上学生画像及名言、学生活动的精彩照片等;"春风十里"是劳动教育基地,学生共同设计"春风十里"的门牌,设计有关植物的介绍、诗句等组成的吊牌式风铃,设计有创意的植物介绍名牌等,以班级为单位分区域对植物进行养护管理,让学生亲手去体验和感受,发现学习是一个有趣又有爱的过程;红领巾未来成长营是红色基因的储存卡,也是点亮未来的解码器,成长营以学习二十大、永远跟党走、奋进新征程主题教育为引领,立足学校、家庭、社区、基地共建,通过构建有爱、有力、有光的少先队活动课程体系,帮助学生成长为创造美好未来的新时代好少年,成长营呈现的是学生学习英雄榜样的故事后撰写的心得体会和创作的绘画作品等,由学生自己策划、制作,内容丰富,图文并茂,充分发挥学生的创造力,体现了学生的主体性,激励着他们携手共进。

(二)"壹校园"的课程评价

依托学校"向未来"智慧评价手段和"仰实智评"小程序,对学生进行过程评价和结果评价,形成多元评价,完善家、校、社三方面的评价机制,关注学生的发展需要,激发学生的内在发展动力,以激励为主,注重过程性评价,建立电子成长档案。

六、做实"壹探究",开发项目学习课程

"壹探究"以学科为主要载体,聚焦学科核心概念和能力,进行 PBL 项目式

学习。

(一)"壹探究"的创意设计

"壹探究"通过六个流程组织探究活动,一是确定项目主题,二是确定项目学习目标,三是明确最终成果及展示方式,四是设计入项事件及驱动型问题,五是制定项目评估计划,六是规划主体教学过程,通过一学期一次或两次的成果展示方式进行创意表达(见表2-7)。

表2-7 仰天湖实验学校"壹探究"创意设计表

模块	主题	项目学习目标	活动过程
@未来,与爱有约	未来的我（一年级）	我爱我自己	我与名画同框; 自画像之期待中的我; 记录创意过程。
	未来生活（二年级）	智慧改变生活	生活小妙招(节水器); 小木艺创造美好生活。
@未来,以行动敲开未来之门	未来阅读（三年级）	书香丰盈生命	设计一年一度的班级读书节活动; 创想未来阅读空间、未来阅读方式。
	未来职业（四年级）	探寻七十二行的秘密	我的职业创想; 采访身边的劳模; 制定实现职业理想的行动计划。
@未来,创造未来之光	未来艺术（五年级）	艺术美化生活	学习一门艺术特长; 美化校园的角落; 精心装点自己的书房和卧室。
	未来城市（六年级）	更好的城市从规划开始	聆听城市规划讲座,了解城市规划常识; 小组合作设计未来城市规划图。

(二)"壹探究"的评价要求

"壹探究"根据不同的学习目标,设立不同的主题活动,在活动组织过程中,依据"壹探究"评价标准,对学生的参与进行评价(见表2-8)。

表2-8 仰天湖实验学校"壹探究"评价标准表

活动过程	活动评价
我与名画同框； 自画像之期待中的我； 记录创意过程	1. 评判与名画作品相似度高； 2. 视频拍摄清晰。
生活小妙招（节水器）	检测节水器的节能性。
小木艺创造美好生活	评定木艺品的精美度。
设计一年一度的班级读书节活动	1. 读书节展台的布置体现阅读主题； 2. 读书节活动的设计有创意。
创想未来阅读空间、未来阅读方式	展示阅读新方式。
我的职业创想	对职业创想有未来感。
采访身边的劳模	采访劳模深入。
制定实现职业理想的行动计划	制定的职业行动计划符合实际。
学习一门艺术特长	1. 能自信大方地展示艺术特长； 2. 特长展示专业性较高。
美化校园的角落	将校园绘制、装饰得具有艺术感。
精心装点自己的书房和卧室	1. 整理好自己的小书房； 2. 能美化自己的小书房。
聆听城市规划讲座，了解城市规划常识	通过思维导图、表格等形式完整呈现城市规划常识。
小组合作设计未来城市规划图	1. 小组能合作完成未来城市设计； 2. 未来城市设计能真正解决生活中的困难。

七、做细"壹节日"，落实节庆文化课程

中国传统节日凝结着中华民族精神和民族情感，承载着中华民族的文化血脉和思想精华，是维系国家统一、民族团结和社会和谐的重要精神纽带，是建设社会主义先进文化的宝贵资源。民族文化的血脉与真情通过节日这一形式得以永存，将人世间的悲欢离合、喜怒哀乐、美好期盼和吉祥祝愿提炼为万古不衰的节日之

魂。"壹节日"将春节、清明节、劳动节、端午节、国庆节、中秋节、重阳节定为"我们的节日",并开展系列活动,引发学生对传统文化产生共鸣和兴趣,培养民族自豪感,增强爱国主义情怀。

(一)"壹节日"课程设计

表2-9 仰天湖实验学校"壹节日"课程设计表

壹节日	课程设计	参与年级
春节	实践福: ① 走进爱国主义教育基地参观学习,聆听红色故事、传承红色基因 ② 参与假期志愿服务活动,积极撰写天心少年志愿服务日记 ③ 雷锋少年积极参加由长沙市星城学雷锋志愿服务中心发出的任务	3—6年级
	合家福: ① 购菜神算子 ② 劳作多面手	1—6年级
	传承福: ① 红领巾寻访最美党员 ② 红领巾"年味"代言 ③ 捐献爱心零花钱　帮助困难小伙伴	1—6年级
清明节	春天"撞"蛋	1—2年级
	"趣"放风啦	3—4年级
	致敬·缅怀·奋进	5—6年级
劳动节	观看纪录片《大国工匠》	1—2年级
	创意劳动模仿秀	3—4年级
	劳动技能大比拼	5—6年级
	致敬劳动者	1—6年级
端午节	箬叶飘香　"粽"情端午少先队活动课	1—6年级
	食在端午·与"粽"不"童"	1—2年级
	福在端午·我"艾"香囊	3—4年级
	趣在端午·放"粽"一夏	5—6年级

续表

壹节日	课程设计	参与年级
国庆节	时光放映机	1—6年级
	"吟诗词·中国美""颂歌赋·中华情"	3—6年级
	绘本里的中国梦	1—2年级
	"数码中国"大探秘	3—4年级
	我和国旗合个影	5—6年级
中秋节	诗中月	1年级
	乐中月	2年级
	画中月	3年级
	舌尖月	4年级
	天宫月	5年级
	圆融月	6年级
重阳节	在了解中走进重阳	1—2年级
	在调查中走进重阳	3—4年级
	"最美夕阳红"节日探究活动	5—6年级
	"别样的亲情"	选做

(二)"壹节日"课程评价

"壹节日"课程采用"学—做—创"阶梯式评价体系,引导学生学传统、做礼仪、创实践,依托我校"向未来"评价体系,发布实践活动任务,挑战成功即可获得积分奖励。

八、创意"壹空间",开发创客教育课程

"壹空间"致力于培养创新型、知识型、技术型人才,贯彻落实科教兴国战略。学校实施3D打印、机器人课程,依托创客空间培养学生的创造力、思维力和实践力。

(一)"壹空间"的创意设计

"壹空间"主要包括云上美学创意空间、顶层创客空间、云上学堂体验空间、

@未来红领巾成长空间、儿童生活美学馆等。在"壹空间"里开设创客教育课程,通过电子元件,用STEAM教学理念引导学生进行学科融合,设计一辆智能小车;在"壹空间"里开设智能美学体验馆,3D打印、VR技术助力学生让头脑中的想法变成现实;在"壹空间"里借助自主开发的"美创仪",构建线上美术馆、线上博物馆、线上学生作品展等;在"壹空间"里搭配营养食谱、开展智能菜品点赞,感受长沙文化。"壹空间"有助于拓展学生视野,提高学生的逻辑思维能力,锻炼学生的空间想象力,培养学生的创新能力,学生在解决问题的同时,学习数学、物理、材料、机械工程等知识,理解产品设计的思路。

(二)"壹空间"的课程评价

在整个创客教育课程学习的过程中,学生自评贯穿始终,帮助学生形成对自己进步状况的认知并进行自我反思,教师根据学生们统计的数据进行相应调整。根据不同的学习任务,课程要求设置相应的评价量表,主要从动手操作能力、表达理解能力、创新实践能力、团队合作能力四个维度进行评价(见表2-10)。

表2-10 仰天湖实验学校"壹空间"评价标准表

评价项目	评价标准	分值
动手操作	动手前检查器材,能对所准备的物品进行分类,操作有序,方法正确,过程清晰,操作后能将物品归原整理,能得出操作结果并说明理由。	30
表达理解	和同伴进行沟通,交流彼此的想法和观点,互相评论探讨,根据不同的展示方法选择不同的评价量表。	20
创新实践	在已经给出基本模型的基础上进行创新,发挥自己的想象力,创造和教师、其他同学不一样的作品。	30
团队合作	根据承担的任务和角色,将学生置于特定的角色定位,更好地对学生进行团队合作能力评价。	20

注:90分以上为优秀,70—89分为良好,60—69分为合格。

九、搭建"壹舞台",开设艺术表演课程

心有多大,舞台就有多大。"壹舞台"致力于让每一个孩子绽放出属于自己的

光彩,以六一儿童节、戏剧节、体育节、三独比赛、艺术展演等活动为契机,给予每一个孩子展现自我的舞台。

(一)"壹舞台"的创意设计

我校"壹舞台"艺术类课程的开课率达到了 85％以上,从唱、跳、奏、演四个方面,开设小百灵合唱团、灵动舞蹈、尤克里里、啦啦操、拉丁舞等艺术类课程,让学生感受美、发现美、创造美。

(二)"壹舞台"的课程评价

表 2-11　仰天湖实验学校"壹舞台"评价标准表

评价项目	小百灵合唱团	灵动舞蹈	尤克里里	……
课程内容				
精神风貌				
艺术效果				

十、开发"壹工场",开设劳动教育课程

"壹工场"致力于培养有爱、有力、有光的现代人,在《大中小学劳动教育指导纲要(试行)》的引领下,以学校、家庭、社区、基地共建为抓手,依托"春风十里"劳动教育基地,通过 AI 技术顶层设计劳动教育体系,结合智慧场景体验创设美景、美课、美创"三美"课程群,辅以"向未来"智慧劳育评价,在实践中探索出"壹工场"劳动教育模式。(见图 2-2)

(一)"壹工场"的创意设计

"壹工场"以培养学生基本劳动素养作为育人导向,从劳动的情感、态度、价值观以及基本实践能力出发,创设美景、美课、美创的"壹工场",在课程的引领下,定制"仰实"少年专属劳动教育清单,从日常生活劳动、生产劳动、服务性劳动三个维度鼓励学生积极参与劳动,从而帮助学生乐于劳动,学会劳动,创造劳动。(见图 2-3)

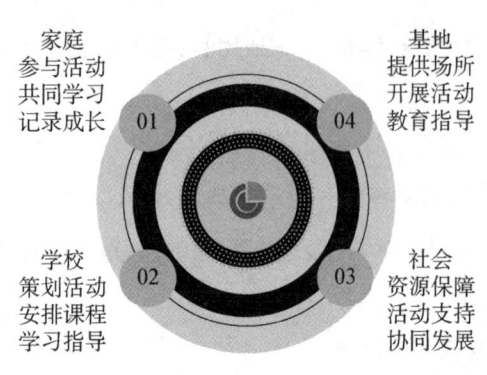

```
家庭                    基地
参与活动                提供场所
共同学习    01    04    开展活动
记录成长                教育指导


学校                    社会
策划活动                资源保障
安排课程    02    03    活动支持
学习指导                协同发展
```

图 2-2 仰天湖实验学校"家校社基"共建图

"春风十里"劳动基地课程
"快乐木头人"劳动课程   新技术劳动课程
"绿天使"劳动课程   艺术剪纸课程
"小蜜蜂"劳动课程   传承"非遗"课程
"花精灵"劳动课程   "有爱"劳动习惯培养课程
智慧美创定格动画课程   传统乐器制作课程
智慧编程美创课程   新技术劳动课程
二十四节气美创课程   "金手指"创意课程

（美景 / 美课 / 美创　仰天湖实验学校"智慧劳育"课程群）

图 2-3 仰天湖实验学校"三美"壹工场课程群

立足于劳动课程群，定格动画工场创设智慧美创定格动画大课程群，快乐木头人木工场建构木工课程、传统乐器制作课程等传承非遗课程群，科创工场开设 3D 打印、机器人等新技术课程，在课程实施的过程中不断传承劳动精神。

（二）"壹工场"的课程评价

学校自主研发了"向未来"评价小程序，结合劳动教育的课程内容与场景体验，设计劳动素养的评价维度与指标,让教育评价有效促进素养提升,生动地记录并呈现学生的成长过程。在"春风十里,不如'劳动'的你"系列学校劳动教育主题活动中,每一个学生都上传了自己的劳动体验视频,每一个师生、家长都可以点赞评价,促进了学生之间的交流与学习。

十一、评选"壹达人",发展个性特长课程

"壹达人"贯彻落实"五育"并举的教育方针,旨在发现每一个孩子的闪光点,通过自主申报—班级初选—校级终选的方式,评选出学校好少年。

(一)"壹达人"的创意设计

规范完善"壹达人"的评价细则,从美德好少年、才智好少年、健体好少年、尚美好少年、勤劳好少年五个项目对学生进行全方位的多元评价,以"向未来"智慧评价系统为载体实现线上、线下整合评价。一个微信小程序将学生、教师、家长连接起来,教师通过评价端将学生一天的校园生活、上课情况、作业完成、参与活动等表现,以点赞或批评的形式给予积分,通过评价系统实时反馈给家长,家长通过手机的微信小程序了解到孩子一天的学习情况和生活情况。

(二)"壹达人"的课程评价

表2-12 仰天湖实验学校"壹达人"评价标准表

项目	评价标准
美德好少年	1. 在家庭是好孩子:孝敬父母、尊敬长辈、学会自理、常做家务、勤俭节约、生活朴素、吃苦耐劳; 2. 在学校是好学生:学习勤奋、乐观向上、善于思考、尊敬师长、团结同学、关心集体、爱护公物; 3. 在社会是好公民:遵章守纪、举止文明、保护环境、诚实正义、拾金不昧、乐于助人。
才智好少年	1. 有良好的学习习惯:勤奋好学,课堂上认真听讲,积极思考,主动发言,乐于与老师同学交流探讨; 2. 课下遇到问题能主动请教老师或同学,爱好阅读,能主动汲取课外知识,知识面广博。

续表

项 目	评 价 标 准
健体好少年	1. 热爱体育运动,身体健康,能自觉坚持每天锻炼1小时; 2. 在体育活动和体育比赛中表现良好; 3. 活泼开朗,乐观向上,心理素质良好; 4. 能正确评价自己,不被困难吓倒,勇于克服困难。
尚美好少年	1. 参加校各类社团,如啦啦操、定格动画、鼓号队,表现出色; 2. 书法、绘画等作品在区级及以上获奖或发表; 3. 参加区级及以上艺术类比赛获奖; 4. 刻苦训练,获得钢琴、二胡、拉丁舞等各类考级证书。
勤劳好少年	1. 锻炼自己的生活自理能力,努力做到"自己的事情自己做,别人的事情帮忙做"; 2. 积极承担集体的劳动任务,能胜任班级劳动岗位要求; 3. 认真做好每天的值日工作及大扫除,保持校园环境整洁; 4. 热爱劳动,努力学习劳动技能,掌握劳动技能为大家服务; 5. 积极参加学校、街道社区组织的公益性劳动活动; 6. 锻炼自己的动手劳动能力,学会改造废旧物品,变废为宝; 7. 小手牵大手,和家人一起热爱劳动,积极参与垃圾分类。

十二、拓展"壹基地",优化综合实践课程

"壹基地"充分发挥校外实践基地的作用,为学生创造一个良性的、多样化的学习空间。通过湖南雨花非遗馆、邡原文化园开展学习活动,让学生走出校园,贴近社会,直观地感受、倾听、理解。

(一)"壹基地"的创意设计

参与实践教学基地活动,有助于激发学生的爱国主义情感,继承和弘扬中华民族优良的传统美德,锻炼同学们吃苦耐劳、团结协作及沟通能力(见表2-13)。

表 2-13 仰天湖实验学校"壹基地"创意设计表

基地名称	学习内容	过程评价
湖南雨花非遗馆	1. 感受传统非遗文化的魅力。 2. 参与艺术品的设计过程。	1. 在参观的过程中有自己的深刻体会。（完成体验任务单） 2. 设计制作的艺术品符合标准。 3. 设计的艺术品有创新。
邢原文化园	1. 体验种植技术。 2. 小组合作参与种植过程。 3. 实践植物研制成食物的过程。	1. 在体验的过程中有自己的深刻感悟。（完成体验任务单） 2. 种植、制作过程符合要求。 3. 参与了小组合作。

（二）"壹基地"的课程评价

表 2-14 仰天湖实验学校"壹基地"课程评价标准表

项目	评价标准	分值
管理规范	注重课程的顶层设计，系统规划各年级学生的实践活动，有教育教学方案，有健全的管理制度和综合素质评价体系。	20
场地建设	配置有 5 个及以上的实践教育场地和 1 个及以上实践教室，且至少能容纳一个班的人数，相关基础设施配备齐全，布局科学合理。	20
课程设置	至少有 5 个及以上适合学生实践教育的主题课程，对不同学段的实践教育有层次性区分。	20
师资配备	每个实践基地配置 1—2 个专职或兼职指导师，把实践教育纳入全体教师培训内容。	20
平安保障	实践基地环境布置、设施建设、设备器材无安全隐患，制定安全事故预防措施和应急措施，落实安全责任。	20

注：90 分以上为优秀，70—89 分为良好，60—69 分为合格。

马克思说："人以一种全面的方式，也就是说，作为一个完整的人，占有自己的全面的本质。"我们对"壹教育"的哲学意涵理解为完整、纯粹和个性化，就是以马克思的"人的全面发展"理论为指导，关注儿童人格、认知、情感、审美和身体的全面发展，推进学校课程发展。

第三章
课程治理的文化性

课程治理必须挖掘学校独特的文化内涵,让学生拥有在地归属感和自豪感。在课程实施过程中,我们需要不断激发学生的文化意识,引导他们参与文化传承与创新;不断加强知识体系与文化因素的有机融合,提升学生核心素养,滋养学生文化内涵,让学生成长为有文化自信的人。

课程治理必须挖掘学校独特的文化内涵,让学生拥有在地归属感和自豪感。在课程实施过程中,我们需要不断激发学生的文化意识,引导他们参与文化传承与创新,不断加强知识体系与文化因素的有机融合,提升学生核心素养,滋养学生文化内涵,让学生成长为有文化自信的人。

第一,深挖文化内涵。学校课程治理需要深挖学校原有文化底蕴,通过呈现学校独特的文化传承和特色,让孩子们拥有对学校的归属感和自豪感。倡导学校课程治理的文化性,有利于传承学校独具的优秀传统文化。以学校文化为基础的课程治理理念,可以很好地体现学校的个性特色;关注学校原有文化底蕴的治理方式,可以很好地协调学校的主体立场,提高课程治理效果。

第二,融合文化价值。学校课程治理需要在深挖学校文化底蕴的同时,融入学校文化的价值导向。因此,学校课程设计应关注学校的文化价值取向。那么,学校的文化价值取向有哪些呢?从时间角度来说,有过去取向、现实取向和未来取向;从范围角度来说,有在地文化取向和跨文化取向。学校课程治理要基于儿童立场,融合各类文化价值取向,在汲取过去、现实及在地文化的基础上,高度重视未来及跨文化取向,培养学生具有全球视野及创新能力,以帮助学生适应未来的社会。

第三,激发文化意识。学校课程治理需要激发主体的文化意识,培养课程参与者对自身文化身份和责任的认同。在实践过程中,我们可以通过优化课程设置、强化文化体验和提供文化引导等方式实现这一要求。在课程实施过程中,应鼓励学生参与社区和社会活动,增强对在地文化发展的关注,提升文化参与度。这样的课程治理能有效激发学生的文化意识,促使他们积极参与文化传承与创新,成为有文化自信的人。

第四,促进文化转化。学校课程治理最终的结果是实现育人价值的主体转化,需要立足儿童的心理发展特征进行创造性转化。文化转化需要将本土文化元素融入教学,结合儿童心理特点,构建有效的教学方式,为学生创造丰富多样的教育情境。文化的有效转化,有利于激发学生主动学习的热情,引导学生自觉传承中华优秀传统文化,培养具有未来视野的创新型人才。

总之,学校课程治理要以学校文化的核心精神为导向。深挖文化内涵,呈现独特文化传承和特色;融合文化价值,关注学生价值取向;激发文化意识,提升文化参与度;促进文化转化,培养创新型人才。学校通过文化传承与创新,培养有文化自信和使命担当的时代先锋,以适应未来社会的多样化需求。

"攀登号课程"：给予儿童向上攀登的力量

长沙市天心区仰天湖金峰小学创建于1981年，位于南郊公园北侧、天心区广厦新村内，原名为长沙市第二机床厂子弟小学，1998年更名为长沙市金峰小学。2013年3月依托名校资源，更名为长沙市天心区仰天湖金峰小学。2018年秋改扩建后，学校新征地13.5亩，总用地面积达到15 159平方米，2023年秋季有教学班37个，学生1564人，教师98人。学校推进的"攀登号课程"，取得了可喜的成效。

第一节 传承向下扎根的文化

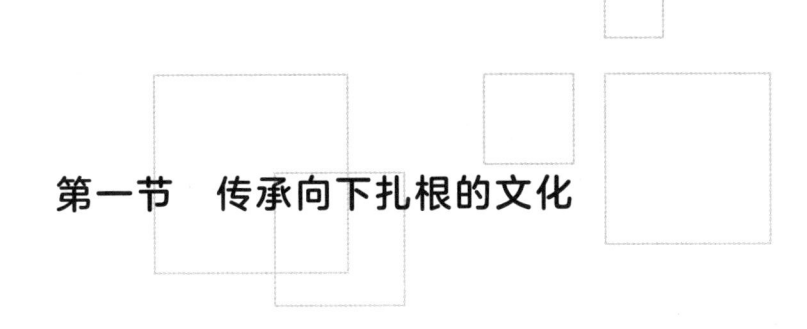

长沙市天心区仰天湖金峰小学是一所崭新的现代化学校:居湘江之畔,邻南郊公园,环境优美、设施一流,特色鲜明、品牌彰显。

学校校名为"金峰",我们以攀登文化作为教育引领,以攀登的全过程(见山—蓄力—攀爬—超越)来描绘儿童的生长过程,呈现人的成长图景。"攀登教育"有传承、有内涵、有韧劲;向下扎根,传承"礼孝文化",汲取民族大义;向上攀登,不畏艰难险阻,奋斗永不止步;向阳生长,保持正直谦逊,顽强拔节成长。学校构建体现"攀登文化"特质的"攀登号课程",让攀登精神滋养学生的精神内涵,让学生每天都经历成长,不断成就精神的健全丰厚。

一、教育哲学:"攀登教育"

"攀登教育"旨在给予儿童向上攀登的力量,鼓励学生勇敢挑战自我,成为有担当、立潮头,不服输、能超越,爱生活、勇攀登的人。

从目标论角度看,"攀登教育"是向上的教育。向高而攀,是一种永不放弃、不断进取的精神。学校遵循并肯定学生发展需求,激发学生自主发展的内驱力,充分塑造学生人格,展现学生个性,提升学生自信,挖掘学生潜能,促进个体健康成长,实现人生的崇高价值。

从内容论角度看,"攀登教育"是有力的教育。知识就是力量,攀登教育的知识体系与丰富内涵,让学生全面发展,并能够"有力量"地运用到实践中解决问题。

从过程论角度看,"攀登教育"是超越的教育。通过给学生留出足够的空间,提供充分的支持,激发学生的创造力,倡导学生去发现和探索世界。

从评价论角度看,"攀登教育"是个性的教育。学校尊重和鼓励个性化、差异化的生长,并提供相应的机会和路径,去发现每一个孩子的天赋能力,给孩子自主成长的空间,达到自我生命的高度。

综上所述,"攀登教育"旨在鼓励、塑造、启发和引导学生在自我发展中不断攀登高峰。我们秉持如下教育信条:

我们坚信,
教育就是精神攀登;
我们坚信,
学校是精神攀登之所;
我们坚信,
教师是一座精神高峰;
我们坚信,
每一个孩子都有无限可能;
我们坚信,
向着无限可能攀登是教育最美的图景;
我们坚信,
给予儿童攀登的力量是学校教育的神圣使命。

二、学校课程理念

基于上述办学理念,学校确定了这样的课程理念:给予儿童向上攀登的力量。这一课程理念有深刻的内涵。

——课程即向上的力量。向上的力量不拘泥于教材,也不局限于课堂。我们结合目标和内容对课程进行深度思考,提倡走出课本,走向生活,面向世界,面向未来,让课程成为培养向上力量的重要资源。

——课程即儿童的世界。课程是儿童舒展灵性的空间,是探索世界的窗口。课程为儿童自我探究、思维创造提供理想的环境和平台。

——课程即个性的生长。课程将孩子的成长火焰点燃,让孩子从知识学习走向个性发展,在多元多彩的课程体验中成为独特的自我。

——课程即生命的旅程。课程关注学生的现实生活,提供生命经历和情感体验,帮助其建立起知识与社会经验的联系,引导学生理解、运用并创造知识。

总之,我们倡导"攀登教育",追求永远向上的教育姿态,让每一个孩子成为勇敢的攀登者。为此,我们将学校课程模式命名为"攀登号课程"。

第二节　引领生命成长的方向

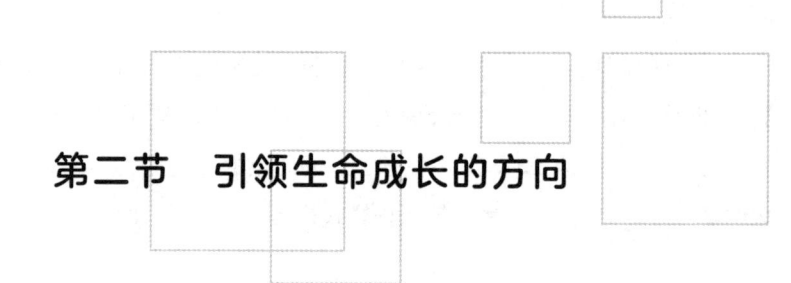

课程是育人价值的集中体现,学校育人目标既要体现国家教育方针,也要体现学校的文化特色。

一、育人目标

《义务教育课程方案(2022年版)》提出"有理想、有本领、有担当"的新时代育人目标。我们倡导:做不断攀登的人。因此,我们的育人目标定为:培养"有担当,立潮头;不服输,能超越;爱生活,勇攀登"的儿童。

这一育人目标具体内涵阐述如下:

——有担当,立潮头。热爱集体,热爱社会,热爱家乡,热爱祖国;敢于探索,勇于创新,善于合作,担当责任;不惧困难,敢为人先,接受挑战,与时俱进,具备一定的信息素养。

——不服输,能超越。面对失败,保持乐观,善于反思,形成习惯;乐于尝试,努力学习,增强本领,提升能力;正直谦逊,积极进取,精益求精,追求卓越。

——爱生活,勇攀登。热爱劳动,勤于动手,勇于实践,掌握技能;积极锻炼,强身健体,心理健康,开朗乐群;提高审美,培养兴趣,磨炼技艺,提升素养。

二、课程目标

为了实现育人目标,学校根据各年级学生的年龄和身心特点,将育人目标进行细化,形成了一至六年级的分年级课程目标。(见表3-1)

表3-1 仰天湖金峰小学"攀登号课程"目标表

	有担当,立潮头	不服输,能超越	爱生活,勇攀登
一年级	1. 初步认识自我,知道健康生活、卫生习惯的基本常识和要求。初步具有关心他人、友爱宽容、诚实善良、乐于合作等良好品德。关心自己的生活环境,热爱亲近大自然,初步培养爱护环境的责任意识。 2. 养成观察生活的习惯,能掌握学校智慧评价的操作方法。能在日常学习与生活中借助智能手表、电脑等设备完成简单交流活动,辅助学习,提升效率。	1. 掌握一年级文化课课程标准规定的要求,养成良好的学习习惯。 2. 喜欢阅读,感受阅读的乐趣。学习汉字,主动识字、写字。 3. 具有好奇心,乐于观察,尝试提出自己感兴趣的问题。	1. 适应新环境、新集体和新的学习生活,初步形成纪律意识、时间观念和规矩意识。 2. 感知身边艺术、体育之美,认识美存在于我们的生活,初步形成发现、感知、欣赏美的意识。 3. 了解家庭、社会中与"竹"相关的资源,并能够简单有效地运用。
二年级	1. 正确认识自我,懂礼貌、讲诚信、守约定,具有关心他人、友爱宽容、关心集体、乐于合作、担当责任等良好品德。热爱家乡,了解自己的生活环境,能从小事做起,具有爱护环境的责任意识。 2. 会提问,能表达不同的想法。学会文明上网。	1. 掌握二年级文化课课程标准规定的要求,基本养成良好的学习习惯,有自主学习的意识。 2. 阅读童话、寓言、故事,对感兴趣的人物和事件有自己的感受和想法,并乐于与他人交流。 3. 爱动脑,敢于质疑,能倾听他人意见,尝试对他人的想法提出建议,对学习产生兴趣并树立信心。	1. 能够在集体中和睦、友好地参与各类活动。能适应集体生活。 2. 能够在艺体课程中自我感悟,在活动中感受艺术、生活之美。以艺体的表现形式表达所见所闻、所感所想。 3. 亲身实践制作简单竹艺作品,能够迁移运用综合发散思维。
三年级	1. 爱独特的自己,积极向上、乐观进取。初步养成懂感恩、爱他人、爱集体、爱社会、爱国家等良好品德。乐于参加志愿服务和公益活动,增强自身环保意	1. 掌握三年级文化课课程标准规定的要求,进一步养成良好的学习习惯,培养自主学习的能力。 2. 初步把握文章的主要内容,体会文章表达的思想感情,对课文中不理解的	1. 了解自我,能从多个方面进行自我介绍;能够表达自己的心绪。 2. 能够主动参与艺体活动或者比赛,进一步在艺体课程中拓展思维,接受艺术的熏陶,在学习中找寻

续表

	有担当,立潮头	不服输,能超越	爱生活,勇攀登
	识,倡导绿色生活,初步培养社会责任感意识。 2. 初步具有分析处理信息的能力。能利用网络资源解决学习与生活中遇到的问题。	地方提出疑问,乐于与他人讨论交流。 3. 具有较强的好奇心和求知欲,尝试从生活中发现、探索、分析和解决问题,初步形成思维。	"艺体之乐"。 3. 因地制宜、因时制宜,在合作、探究中体验"雅竹"课程,制作简单竹艺作品,执行和竹相关联的学科活动。
四年级	1. 知礼懂礼,具备基本社交能力。具有较强的责任感,积极参与家庭与班级事务,为集体服务,参加社会公益活动。用实际行动保护身边的环境,逐渐掌握低碳环保生活方式。 2. 能解释简单的科学现象并掌握部分科学原理,初步具有编程思维。能认识数据在信息社会中的重要作用,应用数据解决简单的信息问题。	1. 掌握四年级文化课课程标准规定的要求,形成良好的学习习惯,具备一定自主学习的能力。 2. 学习组织有趣味的语文实践活动,在活动中学习语文,学会合作。能清楚明白地讲述见闻,表达自己的所思所感。 3. 经历独立思考和与他人合作交流解决问题的过程,学会提出有价值的问题,形成初步的模型意识、几何直观和应用意识。	1. 树立集体意识,擅长与同学、教师交往,形成开朗、合群的性格。 2. 提升对艺术、体育的兴趣,用艺术的形式表现自己的所见所闻、所感所想,学会以音乐表演、视觉形象的方式与他人交流。 3. 具有较强的责任感,积极探索"雅竹"课程,参加社会公益活动,初步培养社会责任感意识。
五年级	1. 自信自强,明晰自身优势,对未来有憧憬、有目标,争做新时代好少年。了解科学、技术、社会、环境之间的相互影响,以及科学研究和技术应用中需要考虑伦理道德;愿意采取行动保护环境、节约资源。 2. 文明参与网络交流,自觉抵制不良信息。运用软件制作作品表达自己的观点。	1. 掌握五年级文化课课程标准规定的要求,养成适合自己发展的学习习惯,具有较强的自主学习能力。 2. 坚持阅读,把握文本的主要内容,形成独特见解。感受国内外文化的不同魅力,有民族文化自豪感。 3. 尝试在真实的情境中发现和提出问题,能将所学运用于实践,初步具备创新意识和实践能力。	1. 能够正确熟悉自己的优缺点和兴趣爱好,在生活中悦纳自己。 2. 能在艺体活动中获取自我价值,能够在活动中自我调节,养成良好的艺术审美以及艺术感知能力。 3. 在"雅竹"课程中理解人与自然、社会环境相互依存的关系,与自然和谐共处。

续表

	有担当，立潮头	不服输，能超越	爱生活，勇攀登
六年级	1. 树立正确的人生观、价值观、世界观。能根据自身优势，对自身未来有目标、有计划，初步树立远大理想。具有强烈的社会责任感，能正确认识个人发展与集体、社会、国家的关系。 2. 遵守《全国青少年网络文明公约》，能进行初步的创意设计，并利用影像、文字或实物表达自己的创意；针对简单的过程与控制系统，能通过编程进行验证。	1. 掌握六年级文化课课程标准规定的要求，具有较强的自主学习能力，掌握科学的学习方法，能自主制定学习计划，将所学的知识用于实践。 2. 感受不同媒介的表达效果，策划简单的校园活动和社会活动，对所策划的主题进行讨论和分析，学会写活动计划和活动总结。 3. 积累数学活动经验，探索发现不同的解题思路和方法，学会选择最优的解决方法，形成模型意识和初步的应用意识、创新意识。	1. 能端正学习动机，调整学习心态；正确地对待成绩；能初步形成分析问题和解决问题的能力，产生更多的亲社会行为。 2. 在艺体活动中能够体会吃苦耐劳的精神，提升自我艺术修养。理解"艺术与其他学科相融合可以富有创意地解决问题"。 3. 从竹文化延伸拓展，关注类似相关的问题，养成综合性学习的思维习惯以及分享、感恩的良好品质。

第三节　设计向上攀登的阶梯

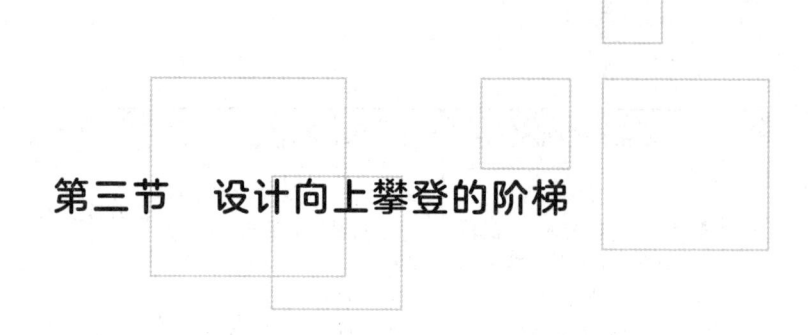

为了实现上述课程目标,学校为儿童设计攀登的阶梯,建构"攀登号课程"体系,形成相对独立又共通融合的课程架构。

一、课程结构

根据儿童多元智能理论,本着"横向连接、纵向贯通"的原则,我们将"攀登号课程"分为以下六个板块:攀登之语课程、攀登之智课程、攀登之创课程、攀登之艺课程、攀登之德课程、攀登之健课程。(见图3-1)

上述六大类课程板块,分别聚焦于多个领域,具体如下:

攀登之语课程指向语言与表达领域,包括乐和语文、China Fan等课程群,多渠道挖掘和提升学生语言能力,促使学生敢于表达、乐于表达、自信地表达。

攀登之智课程指向逻辑与思维领域,包括智趣数学、人工智能等课程群。攀登之智课程学习过程以学生活动为载体,培养学生的逻辑思维能力,提升学生的解决问题能力,释放每一个生命体蓬勃的学习活力。

攀登之创课程指向科学与技术领域,包括乐享科学、信息技术、雅居有竹等课程群。在攀登之创课程学习中,学生动手动脑,合作探究,综合性地运用各科知识解决实际问题,学生的思维更活,综合能力更强。

攀登之艺课程指向艺术与审美领域,包括多彩美术、蜂鸣合唱、舞动青春、民乐鉴赏等课程群。攀登之艺课程有助于丰富学生的情感体验,提升学生的审美水平,美化净化学生心灵。

攀登之德课程指向自我与社会领域,包括道德与法治、礼仪课程、礼孝共传承、甜蜜金峰节等课程。在攀登之德课程的学习中,我们帮助学生扣好人生第一粒扣

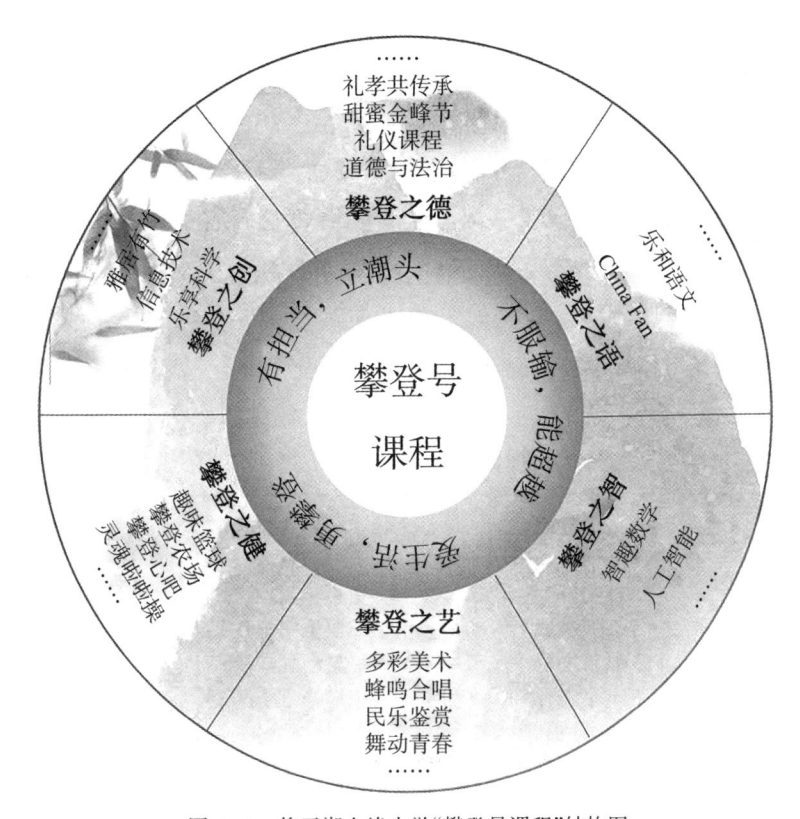

图 3-1　仰天湖金峰小学"攀登号课程"结构图

子,养成良好的行为习惯,培养高尚的道德情操。

攀登之健课程指向运动与健康领域,包括体育与健康、攀登农场、趣味篮球、快乐攀岩、超越田径、攀登心吧、灵动啦啦操、旋风足球、绳采飞扬、足下生辉(毽子),等等。攀登之健课程有助于强健学生体魄,强大学生心灵,强劲学生意志。

"攀登号课程"体系是对学校育人活动的重构,不仅包含国家课程校本化实施的全过程,还包含学校自主开发的校本课程。在每个课程板块中我们围绕学校课程内容和学生能够参与的实践活动,架构多个小课程群,根据学生兴趣需求,结合可利用的课程资源对这些小课程群进行开发建设。

二、课程设置

为了促进学生的全面发展,凸显学校育人特色,学校严格执行国家颁布的课程设置方案,加强课程管理。除了基础课程,学校深度挖掘地区课程资源,与学科知识内容深度融合,密切学生与生活的联系,推进学生对自然、社会和自我之内在联系的整体认识与体验,发展学生的创新能力、实践能力以及良好的个性品质。学校全面系统地规划与设计学校课程,建构"攀登号课程"体系。(见表3-2)

表3-2 仰天湖金峰小学"攀登号课程"设置表

年级		攀登之语	攀登之创	攀登之德	攀登之健	攀登之智	攀登之艺
一年级	上学期	介绍我自己 认识新同学 拼音王国大闯关	植物的叶 纸蛙跳远 制竹之乐 本草之香 花课程之鲜花饼 花课程之干花相框 生活中的信息科技	甜蜜美食节 家庭礼仪之问候	趣味篮球 快乐攀岩 灵动啦啦操 绳彩飞扬(短绳) 足球小将 我能喜欢金峰园 我能喜欢新老师	算式涂色 数学绘本我来读 人工智能我知道	探究奇妙的皮影 压印、对印版画 初识摄影 认识水墨 民族音乐 动听的长沙童谣
	下学期	奇妙汉字我爱学 绘本故事我来说 课本故事我来演	为动物设计一个家 设计稻草人 取竹之美 取竹之用 花课程之多肉盆栽 花课程之植物拓印 守护信息安全	甜蜜美食节 家庭礼仪之敬老	趣味篮球 快乐攀岩 灵动啦啦操 绳彩飞扬(短绳) 足球小将 我能上课守纪律 我能认识新朋友	找身体中的尺子 数学绘本我来读 人工智能与生活	探究奇妙的皮影 实物拓印版画 认识定格动画 畅游水墨 彝族音乐知多少

续表

年级		攀登之语	攀登之创	攀登之德	攀登之健	攀登之智	攀登之艺
二年级	上学期	我爱读童话 我爱读寓言 我爱读故事	观察月相 神奇的帽子 寻竹之趣 本草之味 花课程之画小草帽 花课程之胡椒饼干 数据改变生活	甜蜜阅读节 校园礼仪之尊师	趣味篮球 快乐攀岩 灵动啦啦操 绳彩飞扬（短绳） 足球小将 我能真诚赞美人 我能知道学什么	数字迷宫 巧拼七巧板 数学绘本我来读 智能环保小卫士	我是皮影小画家 压印、对印版画 欣赏优秀定格动画 童趣水墨 音乐鉴赏课程 小小歌唱家
	下学期	故事小达人 亲子共读 诗配画 文配图	磁铁玩具 制作身体胶囊 取竹之味 绘竹之美 花课程之昆虫木版画 花课程之姜汁饼干 文明"小网民"	甜蜜阅读节 校园礼仪之礼貌	趣味篮球 快乐攀岩 灵动啦啦操 绳彩飞扬（短绳） 足球小将 我能分享和表达 我能倾听不插嘴	超市小班级 数学绘本我来读 智能小屋我来住	我是皮影制作家 实物拓印版画 感受定格动画 水墨游戏 瑶族音乐知多少 小小百灵鸟
三年级	上学期	阅读思维导读 我的书签我设计 China Fan 传统节日标题设计 传统节日诗词歌赋欣赏	云彩观察手册 放飞纸飞机 取竹为食：制作竹筒饭、竹叶糍粑 本草之色 网络地图助我便捷出行	甜蜜家庭节 社会礼仪之问询	篮球小达人 绳彩飞扬（短绳） 足球小达人 攀岩小达人 灵动啦啦操 超越田径 我是独一无二的 我能不发小脾气	巧算二十四点 智趣拼搭 数学与运动会 数学故事我来讲 智能搬运机器人 趣味编程	探究皮影世界 吹塑纸、纸板画 静物拍摄 笔墨畅想 曲式分析 乐之堂

第三章 课程治理的文化性

续表

年级		攀登之语	攀登之创	攀登之德	攀登之健	攀登之智	攀登之艺
四年级	下学期	我的小见解 我的小困惑 我的小发现 China Fan 传统节日标题设计 传统节日诗词歌赋欣赏	做个溜溜球 蚕的一生 昆虫模型 取竹为器：竹篾工艺品 习竹之艺：制作竹骨扇 生活中的编码	甜蜜家庭节 社会礼仪之秩序	篮球小达人 绳彩飞扬（短绳） 足球小达人 攀岩小达人 灵动啦啦操 超越田径 我能做个不倒翁 我能真诚来合作	小小导游 数学故事我来讲 声光报警 迷宫电路	皮影小画家 雪弗板版画 初识剪映 抽象水墨 藏族音乐知多少 我是小小歌唱家
	上学期	我是小小"故事家" 我是城市"啄木鸟" 我是校园"小宣传" China Fan 传统节日书签 China Fan 诗句名篇	声音探秘 我是营养师 设计制作动力小车 四驱车模型 赏竹之美：叶片书签 取竹为药：中草药香囊 我的身高变化表	甜蜜攀登节 个人礼仪之进餐	篮球小达人 绳彩飞扬（短绳） 足球小达人 攀岩小达人 灵动啦啦操 超越田径 我能坚持有毅力 我能心中有他人	笔算大通关 多样三角形 数学与跳蚤市场 数学故事我来讲 神奇密码 导光光纤	我是皮影创作家 吹塑纸、纸板画 我们的校园 跟着感觉走 节奏大师
	下学期	说好模范人物故事 当好校园"小主播" 寻找身边的"火车头" China Fan 传统节日书签 China Fan 诗句名篇	凤仙花的一生 模拟安装照明电路 岩石和土壤 本草之美：百变叶片手账 取竹之乐：放飞竹风筝 我的情绪符号	甜蜜攀登节 家庭礼仪之接物	篮球小达人 绳彩飞扬（短绳） 足球小达人 攀岩小达人 灵动啦啦操 超越田径 我能热爱班集体 我能勇敢对挫折	校园绿地面积 数学故事我来讲 节日彩灯 摩斯电码	我是皮影创作家 雪弗板版画 校园微动画 与大师同行 东方创意 我来创编你来唱 蒙古族音乐知多少

续表

年级		攀登之语	攀登之创	攀登之德	攀登之健	攀登之智	攀登之艺
五年级	上学期	巧说汉字 西游漫谈 共赏三国 China Fan 传统节日海报设计 China Fan 诗词歌赋朗诵	缤纷万花筒 四轴无人机 地球模型 计时的方法与工具 种竹之技：竹盆栽 本草之爱：提取艾纯露 趣味加法器	甜蜜艺术节 家庭礼仪之谦恭	篮球小明星 绳彩飞扬（长绳） 脚下生辉（毽子） 足球小明星 啦啦操小明星 田径小健将 我能扬长又避短 我能有话好好说	玩转分数 数学史我来说 图形化编程 3D打印	遇见皮影 橡皮章 第一次接触 感受生活 朝鲜族音乐知多少 音乐七巧板
	下学期	追字溯源 走近鲁迅 读书有感 China Fan 传统节日海报设计 China Fan 诗词歌赋朗诵	自然笔记 环境保护讨论会 船 做个保温杯 取竹为材：竹围栏 化竹为药：中草药蚊烟 物物交换——身边的算法	甜蜜艺术节 校园礼仪之沟通	篮球小明星 绳彩飞扬（长绳） 脚下生辉（毽子） 足球小明星 啦啦操小明星 田径小健将 我能有梦勇敢追 我能友爱又团结	学校如何种植 数学史我来说 图形化编程 3D打印	再遇皮影 木板版画 多彩的生活 水墨诗心 节奏大师
六年级	上学期	朗读者 演说家 创作者 China Fan 传统节日主题调查问卷设计 China Fan 节日文化展示	用显微镜观察世界 我们的地球模型 工具与技术 电和磁 品竹之味：竹笋饼 本草之芯：竹灯笼 智慧餐厅	甜蜜劳动节 社会礼仪之礼让	篮球小明星 绳彩飞扬（长绳） 脚下生辉（毽子） 足球小明星 啦啦操小明星 田径小健将 我能化解小矛盾 我能勤奋求进取	正负之争 等积变形 数学史我来说 人机对弈 智能小车	有形有影 橡皮章 玩转摄影 水墨丹青 土家族音乐知多少 音乐恰恰恰

第三章 课程治理的文化性

续表

年级	攀登之语	攀登之创	攀登之德	攀登之健	攀登之智	攀登之艺
下学期	精彩辩论赛 我的作品集 我的成长册 China Fan 传统节日主题 调查问卷设计 展示节日文化	小小工程师 生物的多样性 探索宇宙 物质的变化 取竹为材：造花草纸 化竹为纸：竹居室 游戏项目——大鱼吃小鱼	甜蜜劳动节 社会礼仪之微笑	篮球小明星 绳彩飞扬（长绳） 脚下生辉（毽子） 足球小明星 啦啦操小明星 田径小健将 我能阳光有力量 我能理解促记忆	怎样更划算 神奇的推理 数学史我来说 人机对弈 智能小车	有形有影 木板版画 玩转摄影 传承传统工艺 传递创意 玩转音乐 音乐大融合

第四节 到达生命成长的高峰

学校创新课程实施策略,以常规课、实践课、拓展课等方式,灵活地开展课程学习。我们用"攀登号课程"促进国家课程校本化,用"攀登行动"落实地方课程要求,用"攀登之旅"引领校本课程实践。全校六个年级全面实施"攀登号课程",在课堂上看见学生,在活动中看见成长,在四方(家、校、社、基地)联动中看见实践,让儿童攀登生命成长的高峰。

一、建构"攀登课堂",提升课程实施质量

学校根据学生的学习需求,对国家课程进行校本化解读,打破学科壁垒,整合学科资源,实现了整体性的深度学习,构建了"攀登课堂",以实现课程品质的提升。教师以攀登文化为导向,响应时代的潮流,融合各学科文化,为学生搭建起探索未知、向上攀登的舞台,引领学生主动参与到知识建构的过程之中。尊重学生的个体差异,激发学生的创造力,在合作探究中建立攀登共同体,为学生提供向上攀登的助力。

"攀登课堂"是一种以问题为导向、以学生为中心、以学校文化为特色的教学模式,旨在提高学生的综合素质和思维能力,最终培养不断向上攀登的人。

从教学目标角度看,"攀登课堂"是大情怀课堂,大情怀是"攀登课堂"的升华。大情怀里浸润着民族情怀,大情怀里彰显着国际视野。大情怀课堂是充满生命力的课堂,探索自我、社会、自然的奥秘;大情怀课堂是紧跟时代的课堂,不断攀登、全面发展、海纳百川。

从教学内容角度看,"攀登课堂"是大问题课堂。它关联生活世界,融合多个领域,鼓励学生通过探究解决真实世界中的问题,强调学科、知识和技能的整合以及

综合应用。大问题是"攀登课堂"的起点,教师搭建探索的舞台,学生能自主发现问题、积极解决问题。大问题课堂把问题作为学生成长的阶梯,激发问题意识,提升思维能力,让教师成为课堂的引领者,让学生成为问题的探索者。

从教学过程角度看,"攀登课堂"是大视野课堂,连接立体的实践。它更加注重学生主导、教师引导和互动探究,通过丰富的教学方式和灵活的学习环节来激发学生的学习热情。结合教学方式多样性和创新性,注重学生思维和能力的全面发展,让学生在学习中感到课堂即世界,世界皆课堂。在拓展学生的知识视野和丰富学生的学习方法中,助推学生更好地面对未来的挑战和机遇。

从教学方法角度看,"攀登课堂"是大智慧课堂,强调多种方法的灵活运用。它采用智慧化的教学方法来促进学生的综合发展。智慧是"攀登课堂"的追求,智慧化的教学方法促进师生之间的互动和交流,实现信息和资源共享,从而提高教学质量和效果。教师尊重差异,学生质疑思考,师生教学相长,智慧共生,构建学习共同体。

从教学评价角度看,"攀登课堂"是大格局课堂。它注重学生的全面发展和个性化发展,通过提供多样化的教学资源和体验活动,充分满足学生的学习需求和兴趣爱好。通过对学习结果和过程进行多重评价,包括学科知识、技能、态度和价值观等方面的评价,为学生提供更全面、更准确、更有价值的反馈。

综上所述,"攀登课堂"教学范式基于大问题教学理念,创设学习情境,设计大单元活动,组建学习小组,引导学生大胆质疑,促使探究学习动态生成,让课堂真正成为师生、生生情感的纽带,展现高参与、高协同的学习氛围。教师从"学科教学观"转向"学科教育观",从"学科本位""知识本位"回到"育人本位"。

课堂是课程实施的主阵地,课堂教学质量影响着课程改革的质量。在大情怀课堂、大问题课堂、大视野课堂、大智慧课堂、大格局课堂的理念指导下,"勇攀高峰"教育价值观得以推进。开放的课堂文化培育心灵自由奔放的儿童,让孩子们透过课堂这一窗口,看到不一样的世界,认识更多样的自己。

二、建设"攀登学科",丰富学科课程体系

我们依据课程标准,在国家课程基础上,尊重孩子们的年龄特点,鼓励教师将学校的课程理念、目标与国家课程要求相结合,融入多种区域资源,在其深度、广度

和学科整合上进行二次开发,从而使学科课程得以整合、拓展、延伸。以"1＋N"的路径,依据各学科的特点,创建学科特色,使学科呈现蓬勃的活力,实现学科素养的真正落地,切实地把"给予儿童向上攀登的力量"这一理念渗透到大学科的育人情境中,同时落地"攀登号课程"的育人目标。

1. "乐和语文"课程群。"乐和语文"让孩子在精彩纷呈的语文世界里积累知识,收获体验,感悟生命,提升语文素养,丰富精神品格。"乐和语文"是精妙绝伦的语文,是多姿多彩的语文,是思绪纷飞的语文。语文要启发儿童关注自己独特的情感,发展思维能力,提升思维品质,享受语文学习带来的丰富体验。"乐和语文"课程群建设充分发挥其独特的育人功能和奠基作用,以促进学生核心素养发展为目的,以"识字与写字""阅读与鉴赏""表达与交流""梳理与探究"等语文实践活动为主线,综合构建学科课程。课程内容涵盖:①经典名著,例如《红楼梦》《西游记》《水浒传》《三国演义》等;②文学作品,包括古代文学和现代文学,如诗、词、曲、小说、散文等;③社会实践,包括社会热点、社会问题、人际关系、职业道德等;④科技前沿,涉及科技、环境保护、能源、文化等方面的知识;⑤语言运用,强调语言基本功的培养和语言运用能力的提高,例如阅读、写作、口语表达等;⑥知识转化,在知识获取和应用方面,注重将知识转化为技能,并且能够迁移运用于实际生活中。

2. "智趣数学"课程群。"智趣数学"追求"学生不畏艰难,合力制胜,保持初心"的境界。"智趣数学"课程结构根据课程标准指引,结合学生发展特点,具体分为"智趣之数""智趣之形""智趣之践""智趣之计""智趣之史"五大类,建设更具有智慧的课程体系。"智趣数学"课程实施,符合学生认知发展规律,贴近儿童的生活实际,便于学生体验与理解、思考与探索、积累与运用。该课程群注重两个方面的提升:①提升课堂品质:数学课堂致力于让学生更深入地思考,从而体验数学思维之美。"智趣数学"课程设计有精度、内容有广度、思考有深度、过程有温度、效果有高度。②实践融入教学:数学实践活动以应用生活为载体,把数学问题生活化,生活问题数学化。学生通过运用所学知识解决生活中的数学问题,体验数学与生活的联系、数学的应用价值,同时培养解决问题过程中的动手操作能力、主动思考能力、创新实践能力。"智趣数学"课程评价在设计时,需要教师关注学生以上方面的表现,并尝试结合数学相关赛事对学生合作意识、参与意识、实践能力、创新能力、学习效果及综合表现等六个方面展开评价。

3. "China Fan 英语"课程群。"China Fan 英语"课程提倡有乐趣、有思考的"攀登"英语——"中国范"。"中国范"(China Fan)是以中国传统文化为轴心,让学生在学习语言和西方各国文化的同时,守好祖国的文化之根,树立文化自信,并能在英语学习中实现中华文化与西方文化的交流,培养中华文化意识,提升跨文化交际能力。China Fan 课程的范围为三到六年级,根据各年级学生的认知水平,设置不同类型和难度的课程。课程的设置极具趣味性、灵活性、多样性和实践性。

4. "乐创科学"课程群。"乐创科学"是一门体现科学本质的综合性基础课程,具有实践性。课程面向全体学生,旨在培养学生的科学核心素养,包括科学观念、科学思维、探究实践、态度责任等方面。学生从亲近自然走向亲近科学,初步从整体上认识自然世界,理解科学、技术、社会与环境的关系,发展基本的科学能力,形成基本的科学态度和社会责任感。"乐创科学"课程依托一年一度的校园"科技节"活动,分课堂教学、模型创作、科技赛事等板块实施。根据国家科学课程的学习内容,基于真实的情境、真实的问题,利用模型创作和科技赛事,开展有梯度的活动,激发攀登能量。

5. "融创音乐"课程群。"融创音乐"课程群包括以下内容:音乐基础知识、音乐作品欣赏、音乐文化融合、音乐创作与表演。该课程群着重培养学生的审美情趣和感受体验,提高鉴赏音乐美的能力,使学生树立正确的审美观念。课程教学环节以讲授和聆听音乐为主,引导学生在情感体验上对音乐作品进行分析、比较与评析,从而帮助学生认识、理解并掌握必要的音乐知识与欣赏方法。学生学习各国、各民族不同类型的音乐作品,以开阔音乐视野,启迪智慧,促进身心全面健康发展。"融创音乐"课程在实施时,注重从以下三个方面来提高教学效果:①鼓励学生自主探索;②多元化的教学手段;③引导学生在学习中丰富情感体验。

6. "多彩美术"课程群。"多彩美术"课程群包含"一版一刻"版画课程、"方寸之间"水墨团扇课程以及"光影剧场"皮影课程等,不仅让学生感受到传统文化的魅力,更是让学生体验到艺术的无穷魅力。"一版一刻"课程包括版画作品欣赏、版画艺术表现、版画创造和联系/融合,是学生学习版画艺术、提升版画艺术素养必须经历的活动和过程。学习任务是版画艺术实践的具体化,是学生在现实生活或特定情境中综合运用所学版画知识、技能等,完成项目、解决问题。"方寸之间"课程以凝聚了古今工艺美术精华的团扇和水墨画为学习内容,进行水墨游戏、创作以及画扇、做扇、赏扇等实践活动。"光影剧场"课程深植皮影艺术的广泛性和综合性,学生能更深刻地学习中国传统艺术文化,领略中国传统艺术的魅力。皮影课程让学生的创造力和动手能力在课堂中得到充分的激发,学生学会画稿、过稿、镂刻、敷彩、缀结等制作工艺,接触到中国悠久的历史文化和名人轶事,领略中国传统打击乐器和弦乐的魅力,提升演讲等技能,由此达到学科融合。

7. "攀登体育"课程群。"攀登体育"课程群坚持"以人为本,健康第一"的课程理念,推进"体教融合",让更多的学生参与到体育运动中来,普及体育知识与技能,增强学生体质,培养学生团结合作、拼搏进取的体育精神。"攀登体育"课程群包括篮球、足球、啦啦操、田径、攀岩等课程,通过课堂、攀登体育节及相关社团实施。

三、创设"攀登社团",发展儿童兴趣爱好

"攀登社团"关注学生的个性化需求,促成学生差异性的发展,开阔视野,陶冶情操,让不同兴趣、能力、需要的学生各得其所,为不同潜能和特质的学生提供发展的空间。"攀登社团"的主要类型有语言类、思维类、科技类、艺术类、体育类、劳动类等。

1. 语言类社团有湖南日报小记者、红领巾剧场、阅读美创等社团,可以帮助学生提高语言表达和沟通能力,加强写作和采访等技能。

2. 思维类社团有数学思维、五子棋、围棋等社团,可以培养学生的逻辑思维、创新思维和团队协作能力,有助于提高学生的综合素质和人际交往能力。

3. 科技类社团有能力风暴机器人、太空豚科创社团、信息编程社团、Scratch 编程社团、无人机社团、乐享科学等,可以帮助学生接触各种科技领域的知识和技能,培养学生的创新能力和实践能力,增强学生的科学素养。

4. 艺术类社团有舞动青春、合唱、光影剧场、水墨团扇、书法社团、非遗课程等,可以帮助学生发展艺术兴趣和审美能力,提高绘画、书法、音乐等各种艺术技能,也可以帮助学生了解传统文化和非物质文化遗产。

5. 体育类社团有篮球社、足球队、灵动啦啦操社团、超越田径社团、攀岩队、中国式摔跤等,可以帮助学生提升身体素质和意志力,提高运动技巧和竞技水平,强化团队精神和协作意识。

6. 劳动类社团有攀登农耕、美食烘焙社团、创意手工社团等,可以培养学生动

手能力和创造能力,增强学生实践操作和创意设计的能力,也可以加强学生对生活的理解和感悟,提高实用技能水平。

四、推行"攀登之旅",丰富儿童学习经历

竹子与仰天湖金峰小学向下扎根、向上攀登、向阳生长的文化精神相契合,传承中华优秀传统文化中"自强不息"的精神,融合现当代中国人"世上无难事,只要肯攀登"的勇敢、坚持的品质,因此我们在"攀登之旅"板块开发了"雅竹"课程。

"雅竹"课程根据各年级学生心理特点、各学科内容、各方资源进行整合和优化,设计不同的小主题(项目),沿着探究时间的纵轴,经过学校、基地、家庭、社区四方实施多轮互动后,目前已开发出"品竹有味""取竹为药""取竹为器""化竹为纸""甜蜜家园"5个课程,其中包括30个小主题、90个项目。课程内容及实施见表3-3。

表3-3 仰天湖金峰小学"攀登之旅"课程内容及实施

"雅居有竹 感恩有您"之"品竹有味"课程(一)						
年级	主题	前置课程	基地课程	后拓课程	课程解读	育人目标
一年级	制竹之乐	设计蒙面风筝	蒙面风筝制作	竹简书情	制寻赏种品竹枝无限情	做智勇勤思的金峰学子
二年级	寻竹之趣	诗词飞花令	文竹种植	竹故事分享会		
三年级	取竹为食	思维导图绘制	自制竹筒饭	竹制时光宝盒		
四年级	赏竹之美	竹之美学	竹编工艺品	自编竹竿舞		
五年级	种竹之技	竹之生活应用	竹笋饼创意	造竹之景		
六年级	品竹之味	竹之历史文化	配比种植盆栽	竹林定向越野		
联动方式	各年级联动	学校+家庭	学校+基地	学校+家庭+社会		
评价方式		小蜜蜂工坊	小蜜蜂工坊+现场评选	小蜜蜂工坊		

续表

"雅居有竹 感恩有您"之"取竹为药"课程(二)						
年级	主题	前置课程	基地课程	后拓课程	课程解读	育人目标
一年级	本草之香	药草大探秘	手作蚊香	感恩抗疫先锋之社区	人间烟火情味聚齐色香味美爱心俱全	做智勇勤思的金峰学子
二年级	本草之味	神奇的中草药	自制胡椒饼	感恩抗疫先锋之街道		
三年级	本草之色	本草纲目	自制姜汁饼	感恩抗疫先锋之物业		
四年级	本草之美	竹子药用价值	竹沥凉糕	清凉一夏		
五年级	本草之爱	中医药文化	艾草煎饼	感恩抗疫先锋之护士		
六年级	本草之芯	科学实验大探秘	提取艾纯露	感恩抗疫先锋之民警		
联动方式		学校＋社会＋家庭	学校＋基地	学校＋家庭＋社会		
评价方式		FSN评价＋人人通	现场评选＋人人通	FSN评价＋人人通		

"雅居有竹 感恩有您"之"取竹为器"课程(三)						
年级	主题	前置课程	基地课程	后拓课程	课程解读	育人目标
一年级	取竹之美	竹之妙用	创意竹叶贴	装点文化墙	厚载万物有所用兼纳百川有所容	做智勇勤思的金峰学子
二年级	取竹之味	生活巧用竹	手工竹叶粑粑	手拉手朋友		
三年级	取竹为器	竹器知多少	竹筒美食	和美一家人		
四年级	取竹为药	巧手用针线	缝制香囊	感恩抗疫先锋之医生		
五年级	取竹为材	竹子美食探究	竹筒花生糕	食物美学		
六年级	取竹为材	竹子器皿探究	竹篮妙用	巧手花艺		
联动方式		学校＋家庭	学校＋家庭	学校＋家庭＋社会		
评价方式		小蜜蜂工坊	小蜜蜂工坊	小蜜蜂工坊		

续表

		"雅居有竹 感恩有您"之"化竹为纸"课程（四）				
年级	主题	前置课程	基地课程	后拓课程	课程解读	育人目标
一年级	取竹之用	竹之生活应用	营养竹筒粽	探究竹美食	化竹为纸显神奇 巧手赠礼呈爱心	做智勇勤思的金峰学子
二年级	绘竹之美	竹之生活应用	创意手绘竹筒	竹筒多肉养护		
三年级	习竹之艺	竹艺历史文化	自制夏日竹扇	竹艺产品售卖		
四年级	取竹之乐	竹艺的应用	自制时令美食	竹美食分享会		
五年级	化竹为药	中药竹茹炮制	清火除烦竹茹汤	竹叶、竹根探究		
六年级	化竹为纸	古法造纸工艺	体验古法竹材料造纸	设计制作毕业赠礼		
联动方式		学校＋家庭	学校＋家庭	学校＋家庭＋社会		
评价方式		小蜜蜂工坊	小蜜蜂工坊	小蜜蜂工坊		

		"雅居有竹 感恩有您"之"甜蜜家园"活动课程（五）				
年级	甜蜜美食节	甜蜜阅读节	甜蜜家庭节	向阳攀登节	课程解读	育人目标
一年级	自制寿司	品读竹画作品	弹奏竹乐器	认竹、赏竹	人有虚怀竹拔节 家若甜蜜向阳生	做智勇勤思的金峰学子
二年级	艾叶粑粑	竹文化故事会	学唱竹歌	竹元素游戏		
三年级	竹筒美食	竹诗词大会	亲子服装秀	踩竹制高跷		
四年级	糖画作品	竹文化装饰	竹制书签	竹竿舞体验		
五年级	捏面人	"竹"写作赛	竹制风铃	竹趣游乐会		
六年级	冰糖葫芦	书香系列评选	竹制时光宝盒	竹林定向越野		
联动方式	学校＋社会＋家庭	学校＋家庭	学校＋家庭	学校＋家庭＋社会		
评价方式	小蜜蜂工坊	小蜜蜂工坊	小蜜蜂工坊	小蜜蜂工坊		

五、做活"攀登节日",浓郁课程实施氛围

我校"甜蜜"系列节日主要结合传统节日和学校特色节日,从"甜蜜美食节""甜蜜家庭节""甜蜜阅读节""甜蜜艺术节""甜蜜攀登节"五个方面展开。甜蜜美食节旨在培养学生的动手能力,增强团结协作的精神,促进学生、家长、老师之间的关系;甜蜜家庭节旨在打造"家、校、社"三位一体的和谐关系;甜蜜阅读节旨在激发学生的阅读兴趣,培养学生的阅读习惯,提高学生的文学审美;甜蜜艺术节旨在落实国家"双减"政策,帮助学生在活动中享受乐趣、锤炼意志,激发学生敢于创新、勇于探索的精神,提高学生审美能力;甜蜜攀登节旨在融洽亲子关系,加强体育锻炼,增强集体凝聚力。"攀登节日"的课程内容如下:

1. 甜蜜美食节。一月,学校举行甜蜜美食节。学生在父母的指导下,制作一道美食并带到学校与大家分享。以班级为单位,邀请部分家长来校参与美食节活动,自备厨具,现场制作美食,如包饺子、煮汤圆、下面条等。班级设计活动主题,师生、家长边品美食边欣赏节目。学校还会邀请非遗文化手工艺人,为学生展示传统美食的制作,学生亦可亲自体验,感受中华传统文化的奇妙。

2. 甜蜜家庭节。五月,学校举行甜蜜家庭节,学生与家人一同在校参加家庭节。通过活动,家长们走进学校,体验学生的校园生活。

3. 甜蜜阅读节。四月,结合世界读书日,举行甜蜜阅读节,开展家庭阅读、学校阅读、班级阅读活动,如获奖书籍展、优秀读书笔记展、亲子阅读、阅读打卡、故事会、诗歌通读会……评选出"书香家庭""书香少年""书香教师",让书香浸润校园,让师生品味阅读的甜美。

4. 甜蜜艺术节。六月,学校举行甜蜜艺术节,由艺体组制定活动方案,以创新、合作、体验、拼搏等为主题,激发学生感受美、体验美、创造美。

5. 甜蜜攀登节。九月,学校借助重阳节这一节日契机,举行向阳亲子登山节。老师、家长、学生一同登山,体验互帮互助、奋勇向上。(见图3-2)

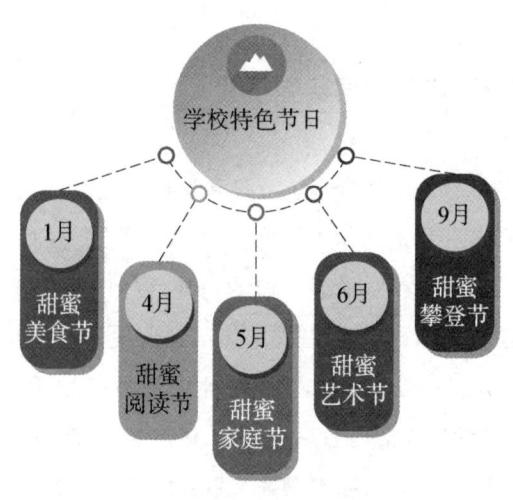

图3-2　仰天湖金峰小学"攀登"特色节日

六、做实"攀登联盟",推进家校共育课程

从爱"小家"到爱"大家"的教育,是仰天湖金峰小学传承"礼孝一家亲"优秀传统文化的重要内容。学校是孩子健康成长的另一个"小家庭",社会和我们伟大的祖国则是我们共同的"大家庭",这是仰天湖金峰小学传承"小孝至国、大孝至家"优秀传统文化的重要内容,让我校在培养学生的道路上充满中国传统特色味道。

对学生进行礼孝教育是一项系统工程,需要家庭、社会和学校三位一体,共同努力。学校要密切联系家庭,让家长积极配合,采取多种方法,使礼孝教育深入人心,成为学生家庭生活中首先遵守的道德规范。具体途径如下:

1. 明礼孝意义。开学初,在班级中大力宣传开展礼孝教育活动的目的、意义,充分营造教育氛围,调动全班学生开展此项活动的积极性和主动性。

2. 定礼孝常规。组织全体同学,根据教育内容,选择、讨论、制定礼孝言行常规,筛选出十条孝敬长辈的言行常规印发给全体学生,使学生的孝敬言行有规范,并通过学生带给家长,以便为教师、家长教育、评价学生提供更为具体、规范化的内容和标准。

3. 读礼孝故事。各班组织学生阅读、摘录传统的、现代的孝敬故事,资料装订成册,组织学生轮流阅读。

4. 听礼孝事迹。在学生中开展以礼孝日记和"我的礼孝故事"为主要内容的活动,以身边的真实事例营造教育氛围。

5. 写礼孝日记。指导学生人人撰写敬老日记,让学生通过记载把道德认同外显为道德行为,让学生到家找事干,从小事做起,孝敬父母。

6. 出礼孝小报。学生创作礼孝手抄报,推出展示活动。

七、开发"攀登农场",落实劳动教育课程

学校立足"劳动启蒙""劳动知行""劳动启智"三级目标,实施"家庭劳动、校园劳动、基地劳动、创意制作、服务性劳动"五维路径,实现从课堂育人走向活动育人、从书本育人走向生活育人、从知识育人走向实践育人的转变。学校利用校内外的劳动实践基地,安排学生进行相应的劳动,根据各班劳动的效果情况对各班进行评价,评选"优秀劳动"班级。

"攀登农场"的课程内容如下:

1. 家庭劳动:推行每日劳动清单、实施"节假日零作业"机制、建立周末"1+N"劳动策略、推行劳动周(月)活动、开展技能大赛。

2. 校园劳动:根据学生的年龄段和实际动手能力,合理安排和设计不同的劳动岗位和项目,引导和培养学生的团队协作意识和劳动能力。

3. 农场劳动:我们把校内的攀登农场与校外的劳动基地作为学生的实践场所,每学期通过劳动周与研学活动予以落实。

八、创意"攀登心吧",做实心理健康课程

"攀登心吧"课程的目标是提高全体学生的心理素质,培养他们积极乐观、健康向上的心理品质,充分激发他们的心理潜能,为他们的攀登成长提供心理能量。

"攀登心吧"课程以积极心理学教育为理念,从情感教育、自我认知、学习能力、人际交往、情绪调节、应对技巧等六个方面,设计了"我能……"系列心理健康活动课。通过课程,孩子们可以学习到积极的心态,树立起自信自尊,激发出内心的攀登能量,从而更好地面对生活的挑战。

心理健康月系列活动是"攀登心吧"课程的实施途径。我们开展了丰富多彩的积极心理体验活动,例如积极情绪体验、微笑打卡等,让孩子们在活动中体验到积极心理的力量。

我们通过课堂观察、行为观察、作品分析、学生自评、教师和家长评价等方式对"攀登心吧"课程的实施效果做出合理客观的评价,以促进课程的完善,推动儿童心理健康发展。

综上所述,学校秉承"攀登"的课程理念,围绕"育人"核心,深化教育教学改革,给予儿童向上攀登的力量。

第四章
课程治理的目标性

学校课程治理指向何种价值共识,关系到学校课程设置的目标选择。就学生的发展而言,学校课程不仅要满足学生的生存需要,还要满足真善美的精神自由发展需要和人格尊严发展需要,从而形成具有连贯性和明确性的学生发展目标。学校课程治理应当立足于目标性,把对学生全面发展的要求具体化、细致化、可行化。

课程是有目标的,课程治理也是围绕着育人目标来推进的。学校课程建设需要我们思考教育本质,审视课程价值,确定育人目标,这是学校课程变革的起点和方向。可以说,课程的目标性决定课程治理的目标性。

第一,课程治理的目标性要立足于教育方针的发展目标。新一轮国家基础教育课程改革的目标是发展学生的核心素养,为每一个学生的终身发展负责,促进每一个学生全面而有个性的发展。从义务教育阶段的课程标准相关文件来看,总体课程改革目标是落实党和国家的教育方针,完成立德树人根本任务。确切地说,我们的课程要以爱为基础,通过唤醒、发现、激发生命内生力和内动力,培育孩子自我适应、主动融入和自主参与社会生活的各种核心素养,能够自如应对当下和未来社会变化的各种挑战,并积极创造社会价值,最终实现孩子自主、快乐、持续、和谐的生命发展。课程的最终目标是要落实到"为谁培养人、培养什么人"的根本上,因此,要对课程设置、实施、评价和保证条件进行全过程规范,建立科学的课程育人机制,真正做到为党育人、为国育才。

第二,课程治理的目标性要立足于"五育"并举的育人目标。"五育"并举是落实党的教育方针、推动人的全面发展的重要途径,也是推动学校育人目标实现的有力举措。我们的育人目标是培养学生成为社会需要的有幸福感、素质良好、有适应未来能力的现代公民。为了达到学校育人目标,学校在课程设置计划里着力发展学生的创新精神,激发潜力,培养他们的真诚、友爱、共谋及团队精神,不断发展社会服务意识,为未来国家发展做出积极的贡献。根据三级课程管理制度,学校作为课程治理最基层的单位,在课程治理中具备很大的自主权。这就要求学校的课程建设围绕立德树人与培养核心素养的目标,将人力资源、资金资源、物质资源和空间资源进行重新配置和优化升级,最大限度激发学校课程建设的活力。

第三,课程治理的目标性要立足于核心素养导向的课程目标。课程目标作为课程标准中的关键部分,是课程内容选择和组织、教学实施、学业质量评价等的依据,是连接国家育人目标和学科课程的桥梁。它体现对每一个孩子生命丰富性的认同、对差异性的关照,体现了个体和阶段发展的梯度性,相信每一个孩子都具有基于自身的发展可能性。因此,为了适应高质量教育发展课程目标的需要,课程治理主张建立体现素养导向的课程实践育人体系,为学生提供丰富的课程门类,提倡多种变革的学习方式,开展多形式的探究学习,充分发挥课程的协同育人作用,让每一个孩子不断向更高阶的方向发展进步,达及最理想的生命状态。

总之,课程目标强调了学生通过课程学习以后,在发展品德、智力、体质等方面期望实现的程度,它是确定课程内容、教学目标和教学方法的基础,能有效促进学生的综合发展。因而学校课程治理必须强调目标性,才能真正落实立德树人和培养学生核心素养的根本任务。

"桂花树下课程"：让每一个孩子绽放生命的芬芳

仰天湖桂花坪小学坐落在省府南城。学校始建于1937年，距今已有80多年历史。扩建之前，曾是一所小而精致、特色教育鲜明的学校。2016年，区政府投资近1亿元在原址上进行改扩建，现占地48亩，总建筑面积达28 363.28平方米。2018年9月，加入仰天湖教育集团，更名为仰天湖桂花坪小学。学校目前有50个教学班，学生2 244人，教师127人。学校深入推进"桂花树下课程"建设。

第一节　让生命成为芬芳的诗句

桂花以悠长的花期孕育芬芳,静待花开;以弥漫的芳馨陶冶情操,浸润心灵。我们从校园内一株株芳香四溢、高洁内敛的桂花树出发,提出学校的教育哲学和课程理念。

一、教育哲学:"芬芳教育"

我校的教育哲学是"桂花树下"的"芬芳教育"。在我们看来,教育是芬芳的对话,是美好的遇见,是成就学生遇见最美自己的载体。"芬芳教育"是学校发展素质教育的实践模式和理论概括,也是学校的教育价值观和内涵发展方法论。

"芬芳教育"是美好的生命教育。教育是为了让个体的潜能得到最大限度激发,让生命过得更有意义、更加精彩。生命教育是直面一切生命的教育,生命是教育最本质、最核心的内容。只有认识生命、尊重生命,才能把握生命,提高生命的价值。学校的"芬芳教育"正是以生命视角认识自己,认识自然和社会,尊重生命的成长规律,尊重儿童的独特体验,沉潜向学,根深叶茂,相信每一个生命都拥有自己的花期。

"芬芳教育"是自然的生活教育。生活即教育,教育要通过生活才能激发力量而成为真正的教育,陶行知先生的"教学做合一"实践论一直是我们践行教育的指引,让我们不断审视生活教育的实践价值。众所周知,在学校教育中要有生活的内容,要引导学生将获得的知识转化为直接经验,运用到自己的生活实际中,在做中学、学中做,这样,教育与生活才会有机连接。学校的"芬芳教育"是以孩子们的生活为旨归,指向的是培养真正的人的核心素养——提升学生的生活力、学习力、自治力、创造力,是一种自然的生活教育。

"芬芳教育"是有效的陶冶教育。浇花浇根,育人育心。教育事业,就其本质来说,是培养人的事业,教育要成为有情有义、有温度、有爱的教育过程,用陶冶的方式不失为好举措。教育家丰子恺曾说过,教育要涵养"芬芳的胸怀",修养"圆满的人格"。在美的浸润下成长的孩子,会散发美好,传递美好。因此,我们的"芬芳教育"给孩子提供良好的氛围,以儿童为本,在美好有爱的教育下,培养美好和谐的人。只有在以美滋养、以爱陶冶下成长的孩子,才会真正理解美,传递爱。

总之,"桂花树下"的"芬芳教育"是以芬芳之手段培育芬芳之人格的教育,是让生命芬芳绽放的教育,是学校特色发展的价值取向和素质教育的个性化探索。确定"芬芳教育"的特色主题,目的在于为学生的个性化发展创造良好的成长环境,办一所芬芳四溢的学校,让每一个孩子成为内心芬芳的人。

二、"芬芳教育"内容

"芬芳教育"孕育活力的"芬芳课堂"。学校全面落实"新课改"基本理念,致力于课堂教学改革,全面落实"课堂革命",打造以"对话、互动、探究"为核心特征,迸发生命活力、体现芬芳理念、散发芬芳韵味的课堂教学模式。

"芬芳教育"孕育融合的"芬芳课程"。学校按国家课程校本化、校本课程特色化、特色课程生本化的要求,开发了仰天湖桂花坪小学"芬芳教育"六大课程:沁心课程、盈智课程、润语课程、健体课程、雅趣课程、励行课程。

"芬芳教育"孕育智慧的"芬芳教师"。学校秉持"芬芳育人"的理念,把教师作为最大的教育资源,以塑造师魂、打造师品、提高师能为目标,坚持以书香养文气、以学习奠底气、以分享得灵气三个原则,打造一支品行高尚、素质优良、结构优化、有效实施芬芳教育的教师队伍。

"芬芳教育"孕育灵动的"芬芳德育"。人之根本,以德为先,教育之本,育德为先。把芬芳融于生活,用生活编织德育,学校德育通过"芬芳教育"研究,推进校园文化、班队工作、教学研究、家校社共建共育等领域,学生、老师、家长通过融通学习、协同教育形成了新的合力,并开始享受充满芬芳成长的学校新生活。

"芬芳教育"孕育完善的"芬芳研训"。针对学校教师90%为"新青"教师、教育教学"零经验"的现状,学校夯实对年轻教师教学业务的精细化、全过程的示范引领。学校为每一名新教师配备一位"师父",师徒之间落实每周一节推门课;以"一课一得"的方式开展师徒结对帮扶。学校行政团队提出了鼓励新教师成长的"三给"原则——"给目标、给方法、给鼓励",以扎实而细致的帮扶给予刚刚走上讲台的教师以帮助、关心和支持,让他们少走弯路,实现工作状态快速入轨,业务能力稳步提高,帮助新教师站稳课堂。

"芬芳教育"孕育美好的"芬芳校园"。"芬芳"寓意花香而草木茂盛,又指美好的德行和名声。唐诗"桂子月中落,天香云外飘"赞美桂花馨香四溢。仰天湖桂花坪小学校名中有"桂花"二字,"桂"即"桂树、桂花"。桂子"芬芳",契合家长、孩子和教师心中对学校的办学期待。

> 我们坚信,
> 教育是最美的遇见;
> 我们坚信,
> 好学校永远是芬芳美好的;
> 我们坚信,
> 孕育芬芳的教师是最美的;
> 我们坚信,
> 每一个孩子都是芬芳的小桂花;
> 我们坚信,
> 在桂花树下快乐成长是学校教育最美的姿态;
> 我们坚信,
> 让生命成为桂花树下芬芳的诗句是教育的神圣使命。

三、学校课程理念

基于上述教育哲学、教育内容以及办学理念,学校确定了这样的课程理念:让每一个生命绽放芬芳。这一课程理念有深刻的内涵:

——课程即生命绽放。课程是为了生命的,生命的在场是课程的重要维度。课程是促进儿童发展的。孩子具有独特的创造性思维,在感知世界时,有独特的看法与做法。作为课程的设计者,我们要站在孩子的立场,建立以孩子为中心的教育价值,树立正确的儿童观,了解孩子、尊重孩子、顺应孩子的天性,让每个生命向着芬芳绽放。

——课程即美好体验。课程是以生活世界为基点,关注学生的现实生活。孩子们接受教育的过程是一个享受美好生活的过程。生活中一切美的东西对人都具有教育作用。"桂花树下课程"是对孩子们人格心灵的唤醒,师生的相遇是心与心的相碰,是心灵的点燃。让学生心灵真正打开,绽放,就会有课程的绽放。

——课程即学习经历。课程即体验的过程,学习活动是一种润物无声的浸染,是一种春风化雨的感化,是一种顺其自然的发展。课程应该放飞学生的灵性,把个体生命发展的主动权还给学生,充分发掘学生自身的潜能,让孩子们心灵内部的灵性充分生成,成为活力四射的少年。

——课程即个性成长。"一花一世界,一叶一如来。"世界的精彩来自生命个体的多样性,人的可贵在于生命的个性成长。在课程里,每一个孩子都能踏着芬芳的青草地,寻访自己的心灵;在课程里,孩子们美丽的心灵、明亮的眼睛、灿烂的笑靥、灵巧的双手和自由的大脑能得到最好的呈现;在课程里,孩子们能在最美的年华,做最好的自己,自由快乐地成长。

我们倡导"芬芳教育",追求舒展灵动的教育姿态,坚守"静待花开"的教育追求,精心设计学校课程内容、开展有意义的实践活动,让课程理念成为孩子们成长的基石,让孩子们"走进社会长智慧,亲近自然展灵性"。我们用芬芳精神涵养儿童的精神,构建体现"芬芳教育"特质的"桂花树下课程",让"芬芳"精神在"桂小"孩子的成长过程中弘扬光大。

第二节 让儿童成为内心芬芳的人

教育要基于儿童立场,遵循顺应天性、激发灵性、张扬个性的教育规律,通过儿童的视角看待学习和成长。学校以桂花为载体,秉持着"让每一个生命绽放芬芳"这一课程理念,确定育人目标为:育芬芳美好的人。学校通过国家课程的校本化实施,为学生的个性发展创造良好的成长环境,致力于办一所芬芳四溢的学校,努力让每一个孩子都成为芬芳美好的人。

"亭亭岩下桂,岁晚独芬芳。叶密千层绿,花开万点黄。"桂以稠密的花朵、高洁内敛的品质,彰显学生的和善有爱。

"流庆远,芝兰秀发,折桂争先。"桂以蟾宫折桂的意蕴、积极进取的品格,彰显学生的乐学有思。

"安知南山桂,绿叶垂芳根。清阴亦可托,何惜树君园。"桂以常绿耐寒的习性,亭亭玉立、绿叶繁茂的姿态,彰显学生的强健有力。

"暗淡轻黄体性柔,情疏迹远只香留。何须浅碧深红色,自是花中第一流。"桂以淡雅别致的风采,融入生活韵味,彰显学生的优雅有趣。

"桂树何苍苍,秋来花更芳。自言岁寒性,不知露与霜。"桂以常绿耐寒的特质、不畏霜露的意志,彰显学生的坚韧有恒。

根据全体师生的课程愿景,我们将育人目标细化,并结合学生年龄差异,划分为各年级课程要求,厘定"桂花树下课程"的目标。(见表 4-1)

表4-1 仰天湖桂花坪小学"桂花树下课程"目标设置表

年级	和善有爱	乐学有思	强健有力	优雅有趣	坚韧有恒
一年级	1. 主动认识新同学，结交新朋友，学会关心、帮助、夸奖身边的小伙伴，能虚心接受批评和教育。 2. 能与同伴一起为集体建设做力所能及的事，为班级贡献自己的力量。 3. 养成良好的文明行为习惯，会使用文明用语。	掌握一年级文化课课程标准规定的要求。获得适应社会生活和进一步发展所必需的基本知识、基本技能、基本经验。	1. 积极参与各种体育游戏，感受体育活动的乐趣，养成每天锻炼的习惯，增强体质，提高身体素质。 2. 掌握基本的运动技能，如跑步、跳跃、投掷、接球等，为今后的体育学习打下基础。 3. 增强自我保护意识，在运动过程中要注意安全，学会保护自己，避免运动伤害。	1. 感知身边周围、我们身边的美。认识使用存在于我们周围、学习制作工艺、学习用所学方面了解所见所闻、感所见所想。学会从外观和使用功能等方面了解物品并进行装饰和美化。 2. 能体验音乐的基本情绪与情感，了解音乐的基本特征，感受音乐的艺术形象，对音乐产生兴趣。	1. 初步感知劳动的艰辛和乐趣，学会尊重他人劳动付出，喜欢劳动，具有主动参加劳动的愿望，积极参加劳动，完成比较简单的个人物品整理和清洗。学会整理和收纳。 2. 关心照顾身边常见的动植物，初步形成关爱生命、热爱自然的意识。 3. 参与班级集体劳动，主动维护教室内外环境卫生。
二年级	1. 热爱班集体，知道班级生活是有规则的，认真负责当好班级值日生。 2. 养成爱护公共财产的意识，学会遵守公共秩序。	对学习有兴趣，掌握二年级文化课课程标准规定的要求，养成良好的学习习惯。具有基本的动手操作能力，善于合作，乐于动手。	感受体育锻炼对健康的重要性，能积极参与校内外体育活动。在体育生活中培养不怕困难、坚韧顽强的意志品质，能适应自然环境，乐于运动。	1. 寻找自然的美，从自然中获取灵感。尝试使用不同的工具、用纸以及身边容易找到的各种材料、通过看、画、做等方法：大胆、自由地把所见所闻、所感所想的事物表现出来，体验美术的乐趣。	1. 懂得人人都要劳动，劳动成果来之不易的道理。学会尊重他人劳动付出，喜欢劳动，具有他人劳动的艰辛和乐趣，主动劳动，积极参

续表

年级	和善有爱	乐学有思	强健有力	优雅有趣	坚韧有恒
	3. 养成良好的文明行为习惯,会使用文明用语与他人交流,待人接物彬彬有礼。	享,并能发表自己的观点。乐意与同伴交往,遇到困难时能帮助他人,拥有积极乐观的生活态度。	与他人交往。	2. 能体验音乐的情绪与情感,了解音乐的基本特征,在音乐体验中唤起爱党、爱国、爱家乡的情感,初步具有对身边人的友爱之情以及对具有乐观态度的积极参与演唱、演奏、舞蹈、戏剧表演、音乐游戏、律动等艺术活动,积累实践经验,享受艺术实践中的乐趣,在各种艺术实践中初步建立规则意识和合作意识。	1. 加劳动的愿望。 2. 完成比较简单的个人物品整理和清洗,学会整理和收纳。 3. 关心照顾身边常见的动植物,初步形成关爱生命、热爱自然的意识。 4. 参与班级集体劳动,主动维护教室内外环境卫生。
三年级	1. 学会做学习的主人,合理安排学习计划,快乐学习。 2. 主动亲近、了解爸爸妈妈,感受家庭的温暖。 3. 知道生命的宝贵,学会保护自己,安全成长。 4. 初步了解生活中的自然、社会常识和有关祖国的知识。	热爱学习,形成浓厚的学习兴趣,掌握三年级文化课程标准规定的要求。能认真倾听,独立思考,自主探究,动手实践,合作交流,反思质疑,展示分享。能运用所学习的知识和技能解决生活中的问题,将所学习的知识与	1. 能按照规则和要求参与体育活动,了解个人卫生保健、营养膳食、安全避险等健康知识和方法。积极参与校内外体育活动,沟通交流,能适应自然环境的变化。 2. 通过参加体育活	1. 能运用传统或现代的工具、材料和媒介,创作平面、立体或动态表现形式的美术作品,美术与自然、社会融合,探索各种问题,可以在生活中寻找故事。能剪出传统简单的剪纸作品,如平剪、折剪等安全使用工具和材料的好习惯。 2. 具有丰富的音乐情感与情感体验,具有乐观的态度以及对	1. 懂得"一分耕耘,一分收获"的道理。 2. 养成良好的个人清洁卫生习惯。 3. 初步体验简单手工制作、种植、养殖等劳动,能规范使用常用的劳动工具。 4. 参加校园卫生保洁、绿化美化等劳动,适当参加社区垃圾分类处理、公共卫生维护等环保、爱护生活环境活动。

第四章 课程治理的目标性

续表

年级	和善有爱	乐学有思	强健有力	优雅有趣	坚韧有信
四年级	1. 观看1—2部关于民族团结主题的影片，写1篇观后感。 2. 了解3个少数民族的名称及主要居住地、服饰等，知道其民族风情、民族发展史。 3. 热爱中国共产党、热爱祖国、热爱人民，了解家乡发展变化和国家历史常识。 4. 理解日常生活的道德规范和文明礼貌，初步形成规则意识。 保护环境，爱惜资源，养成基本的文明行为习惯，形成自信向上、诚实勇敢、有责任心等良好品质。	技能运用于生活。能和谐地、融洽地与人交往，主动帮助他人，乐于分享，就不同的意见能与人商讨。 掌握四年级文化课课程标准规定的学习要求。能运用所学的知识和技能解决问题，并初步将所学习的知识与技能运用于生活。具有良好的劳动习惯，能和谐、融洽地与人交往，主动帮助他人，乐于分享，就不同的意见能与人商讨，积极主动能与人相处，乐于分享、智慧交友、与智慧相处。	动，体验到成功的喜悦，增强自信心，培养克服困难、坚持到底的毅力。 能进行体育技能展示，主动观看体育比赛。在体育活动中表现出文明礼貌，乐于助人的行为。遵守各种规范和规则，尊重裁判，尊重对手，有公平竞争的意识和较高的文明素养。	美好事物的关爱之情。感知、体验、了解音乐的感性特征和审美特质，养成良好的欣赏习惯，能对音乐作品和音乐活动进行简单评价，增强对音乐的兴趣。 1. 观察世界、思考如何看待我们的世界，将发艺术的灵感，产生艺术的火花。了解剪纸的传统技法和表现手法，学习传统艺术剪纸，能通过剪、刻、折、叠等方法制作一幅完整的剪纸艺术作品。 2. 了解音乐的感性特征和审美特质，养成良好的音乐欣赏习惯，能对音乐作品和音乐活动进行简单评价；增强对音乐的兴趣。能自信、自然地进行演唱、演奏、歌表演、律动、音乐游戏、舞蹈、戏剧表演等艺术活动。	力所能及的公益劳动，体验简单的现代服务劳动，初步形成公共服务意识。 5. 懂得在劳动中遵规守纪、学会合作。 6. 在劳动过程中做到勤俭节约、不怕困难。 1. 懂得"一分耕耘，一分收获"的道理。 2. 养成良好的个人清洁卫生习惯。 3. 初步体验简单手工制作等生产劳动、手工劳动，能规范使用常用的劳动工具。 4. 参加校园卫生保洁、垃圾分类处理、绿化美化等劳动，适当参加社区环保、公共卫生维护等力所能及的公益劳动，体验简单的现代服务劳动，初步形成公共服务

续表

年级	和善有爱	乐学有思	强健有力	优雅有趣	坚韧有恒
	和民主法治观念。	自我管理与自我服务意识强。		活动,乐于表达自己独特的感受和想法,在实践中增强规则意识、责任意识和学习意志力,发展交流与合作能力。对音乐保持好奇心和探究欲,能在探究、即兴表演和编创等艺术创造活动中展现个性和创意。	5. 初步形成公共服务意识。 6. 懂得在劳动中遵规守纪,学会合作。 在劳动过程中做到勤俭节约,不怕困难。
五年级	1. 正确面对自己与他人的冲突,能说出至少2种积极友善处理问题的方法。 2. 关心集体,能及时主动地发现集体生活中出现的问题,和伙伴们想办法解决。 3. 了解中华优秀传统文化和党的光荣革命传统。 4. 理解日常生活中的道德规范和文明礼貌,形成规则意识	1. 勤于思考,对发现,对生活保持好奇心与求知欲。 2. 乐于提问,敢于质疑,学会在真实情境中发现问题,解决问题。具有探究能力和创新精神。 3. 学会交往,善于沟通,具有基本的合作学习和独立学习能力。	知晓相应体育比赛的比赛规则,观看比赛并能进行简单点评。在有挑战性的体育活动中能迎难而上,表现出自信和抗挫折能力。	1. 走进传统,从不同工艺品上理解民间艺术的工匠精神。亲近自然,保护草木,具有用设计去改善我们生活的意识。善于分享,大胆地表达自己的情感、想象和理解。 2. 具有丰富的音乐情绪与情感体验,与音乐作品的情感共鸣,具有良好的关爱之情。感知、体验音乐的关爱之情。感知、体验音乐的感性特征,养成良好的欣赏习惯,能对音乐作品和音乐活动进行简单评价,增强对音乐的兴趣。	1. 懂得劳动创造财富,劳动来不得半点虚假的道理。 2. 掌握家庭生活中常用的清洁与卫生、整理收纳等基本技能。了解家电等功能特点、规范、安全使用,初步掌握烹饪技能。 3. 进一步体验种植、养殖,手工制作等劳动,规范使用工具。 4. 主动参与校园卫生保洁和环境美好等劳动。

续表

年级	和善有爱	乐学有思	强健有力	优雅有趣	坚韧有恒
六年级	和民主法治观念，养成良好生活和行为习惯，具备保护生态环境的意识。 1. 知道我国是拥有56个民族的国家，能了解5个及以上的民族风俗。 2. 向"优秀志愿服务者"看齐，每月能参加1次及以上的社会实践活动，关爱身边的弱势群体，能为他们提供帮扶。 3. 了解中华优秀传统文化和党的光辉革命传统，理解日常生活的道德规范和文明礼貌，形成良好的民主法治观念，养成良好行为习惯。 4. 具备保护生态环境的意识。	掌握六年级文化课课程标准规定的要求，热爱学习，乐于学习、学会学习，保持积极主动的学习兴趣，养成良好的学习习惯和一定的自主学习的能力。具有大胆创新和主动探究的意识，对问题有自己独特的见解和看法并勇于发表不同的看法。能熟练运用所学的知识和技能解决问题。主动参加家务劳动、公益活动和社会实践，增长生活经验，感受拓展知识领域，感受	能掌握运动项目的基本知识、学练技术，并能在目的技战术或比赛中运用。具有团队精神和集体荣誉感，在遭受挫折和失败时能保持情绪稳定。	1. 日常生活中，思考"观察"这一行为对我们的启示，思考居住在一个和谐的自然中的意义，思考故事生活中增添的便捷与美为设计设计在我们的世界中是如何创造秩序和美的结合生活实践，了解人类庆祝重要的人物、地点和事件的方式。 2. 具有丰富的音乐感受与情感体验，在音乐作品的情感共鸣中焕发热爱党、爱国、爱社会主义的情感，具有乐观的态度以及对美好事物的关爱之情。感知、体验、了解音乐的特征，养成良好的音乐欣赏习惯，能对音乐作品和音乐活动进行简单评价；增强对	1. 懂得劳动创造财富，劳动来不得半点虚假的道理。 2. 掌握家庭生活中常用的清洁与卫生、整理与收纳基本技能，了解家电等功能特点、规范、安全使用，初步掌握烹饪方法。 3. 进一步体验种植、养殖、手工制作等劳动，规范使用工具。 4. 根据劳动目标确定劳动任务，制订劳动计划，根据实际情况优化调整，初步形成劳动效率意识和劳动质量意识。

续表

年级	和善有爱	乐学有思	强健有力	优雅有趣	坚韧有恒
	的意识,形成诚实守信、友爱宽容、自尊自律、乐观向上等良好品质。	知识与生活的联系。能掌握与人交往的方法,用积极的方式解决问题。		音乐的兴趣。能自信、自然地进行演唱、演奏、歌舞、音乐游戏、律动、音乐艺术活动、表演等艺术活动,乐于表达自己独特的感受和想法。	

第四章 课程治理的目标性

第三节 让生命带上芬芳的印记

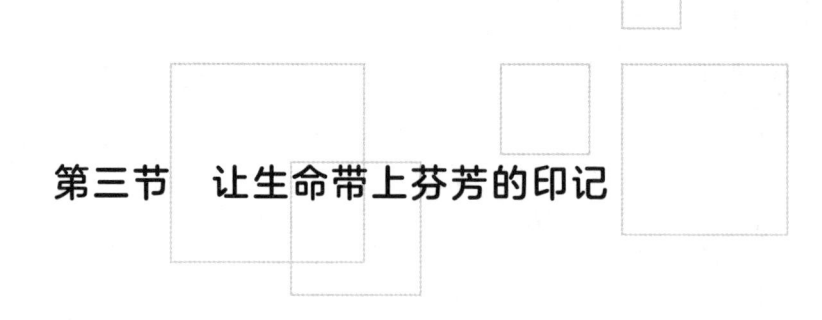

为了更好地实现学校课程目标和育人目标,让生命带上芬芳的印记,学校搭建了"桂花树下课程"体系,不断丰富课程内涵,形成相对独立又共通融合的课程结构。

一、课程逻辑

"芬芳教育"核心文化体系包括教育哲学、办学理念、课程理念、课程模式、课程结构、课程实施和育人目标等内容(见图4-1)。学校围绕"桂花树下,遇见最美的你"的办学理念,确定了"让每一个生命绽放芬芳"的课程理念,把培养和善有爱、乐学有思、强健有力、优雅有趣、坚韧有恒的芬芳学子作为学校课程育人目标。基于

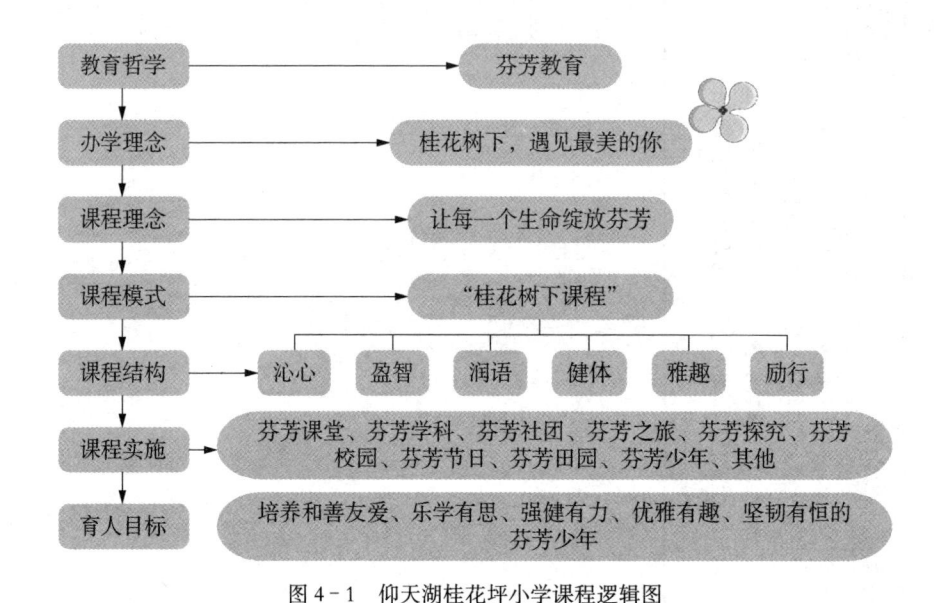

图4-1 仰天湖桂花坪小学课程逻辑图

区域特色对办学理念、课程架构的思考,带上师生所熟悉的芬芳印记,学校搭建"桂花树下课程"体系,从而让课程的逻辑变得更清晰、更完善。

根据多元智能理论以及"芬芳教育"的育人目标,在梳理和架构各个门类课程中,本着"横向连接、纵向贯通"的原则,我们将"桂花树下课程"分为以下六个板块:沁心课程、盈智课程、润语课程、健体课程、雅趣课程、励行课程。(见图4-2)

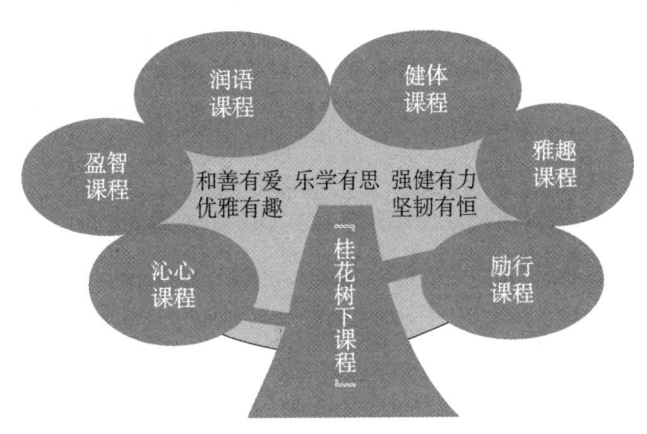

图4-2 仰天湖桂花坪小学"桂花树下课程"结构图

各板块课程内涵如下:

沁心课程指向自我与社会领域,包括道德与法治、少先队活动、心理健康、仪式课程(入学仪式、入队仪式、毕业仪式)、红色之旅课程、好习惯课程、我是校园小当家课程、我是社区志愿者课程、红领巾小主人课程等。沁心课程有助于培养学生的道德品质和文明修养。

盈智课程指向逻辑与思维领域,包括数学、数学游戏、财商等课程。盈智课程以学生活动为载体,通过小组合作的方式开展社会化学习,培养学生的逻辑思维,形成逻辑推理能力、数据意识。

润语课程指向语言与表达领域,包括语文、英语、呦呦诵、二十四节气、经典诵读、课本剧表演、中英文绘本阅读、自然拼读等课程。润语课程多渠道挖掘和提升学生言语表达和写作能力,促使学生善于思考、敢于表达,真正释放每一个生命体蓬勃的学习活力。

健体课程指向运动与健康领域,包括体育与健康、心理健康、游泳、足球、篮球、定向越野、田径、少儿体适能、羽毛球、健美操、智慧短绳、乒乓球、武术等。健体课程以学生的身体素质提升和心理素质提升为目标,让学生锻炼体能,增强体质;关注耐挫力的培养,让学生养成健康的生活习惯,形成乐观、积极的生活态度,变得更加阳光健美。

雅趣课程指向艺术与审美领域,包括音乐、美术、阅读美创、合唱、器乐、点墨书法、舞蹈、剪纸、水彩画、沙画等。雅趣课程指向审美教育,让学生学会鉴赏和艺术表达,提升学生的审美品质和审美情趣,培养学生的气质和情感。

励行课程指向科学与技术、劳动与实践领域,包括科技创新、信息技术、机器人、Scratch编程、创客、航模海模、人工智能、晴耕雨读种植课程、编织、美味烘焙等。在励行课程学习中,孩子们要学习科学知识,提升信息技术水平,加强实验操作,锻炼劳动技能,培养劳动品质,学会吃苦耐劳,敢于创新,真正提升创新思维能力和实践动手能力。

"桂花树下课程"体系是对学校全面育人体系的重建,不仅包含了国家课程、地方课程,也包含了拓展课程、研究性课程,还包含了学校自主开发的校本课程,是国家课程校本化、校本课程主题化、兴趣活动课程化的成果。我们围绕学校课程内容和学生能够参与的实践活动,在每个课程板块中架构了多个小科目,丰富了课程的内涵和实施方式。

第四节　踏上芬芳的生命旅程

课程实施是实现学校课程蓝图的最具活性构成的部分。我校从建构"芬芳课堂"出发,建设"芬芳学科",落实立德树人根本任务,推进学校课程深度变革,让孩子们踏上芬芳的生命旅程。

一、建构"芬芳课堂",提升课程实施品质

"芬芳课堂"是师生灵魂相遇、思维碰撞,充满生机与活力的整体系统。学校立足学生核心素养的发展,注重知识的整合和运用,强化综合性和实践性,促进学生自主、合作、探究学习,让课堂充溢着人文关怀,闪耀着思辨光芒,洋溢着成长气息。

在目标设计上,"芬芳课堂"关注心灵成长,注重核心素养。2022年教育部发布的新课程方案中,明确规定了义务教育育人目标:培养有理想、有本领、有担当的时代新人。"芬芳课堂"遵循课标理念,立足于"人的培养",致力于学生综合素养的提升,依据天心区"三问导学"具身学习模式,改变学生学习方式,培养学生自主学习能力,注重知识的统整、知识的迁移、知识的运用。

在内容建构上,"芬芳课堂"关注知识整合,注重能力培养。学校积极探索大单元教学模式,将零散的知识进行统整,将最本质、最核心、最有价值的课堂内容融为一体,设计"单元导学课""精读引领课""自读迁移课""单元整合课"四种课型。同时,我们研发桂花主题融合课堂,语文、数学、综合实践、美术等学科都围绕"桂花"展开主题教学,品读桂花诗词,制作桂花糕,设计包装,进行售卖,孩子们将在课堂上学到的学科知识运用到实际生活中去,不仅深化了知识理解,更提升了综合能力。

在过程安排上,"芬芳课堂"关注过程培养,注重迁移发展。"芬芳课堂"是大情境贯穿的课堂,从教学的需要出发,将课堂知识问题化、问题情境化,激发学生主动

学习、积极合作的精神,学生在情境中善思、勤做,在发现问题、解决问题的过程中,自主建构知识,发展思维,进一步提升知识运用能力和思维能力。

在方法选用上,"芬芳课堂"关注合作交流,注重启发式教学。教师非常关注课堂中学生活动的设计,避免"先教后学"的灌输式教学,设计导学单,根据学生的学情来展开教学,通过"互动—合作"学习的形式,组织高效的互动生成性交流,让学生在自学、讨论、展示中学会学习。

在评价运用上,"芬芳课堂"关注多元评价,注重教学评一体化。"芬芳课堂"倡导评价的过程性和整体性,重视评价的导向作用,关注学生的学习过程,根据学生的学习特点和学习目标,采取多元的评价方式,充分利用信息技术促进评价方式的革新。

二、建设"芬芳学科",丰富学校课程内容

基于国家课程校本化的要求,依据学科特点,各教研组在基础类课程之上,以"1+N"的路径,开发拓展类课程。"芬芳学科"丰富了课程学习的内容,切实把"让每一个生命绽放芬芳"的课程理念渗透到大学科的育人情境中。

1. "润语文"。"润语文"课程超越对"效率"的追逐,表达对"品质"的追求,力图使课程的文化价值、教师的主导作用以及学生的主体地位协调共生,从而切实保证语文课程的育人功能、教师的育人作用以及学生的自主发展得以温润实现,最终促进每一个学生健康成长。"润语文"课程群包括:整本书阅读、呦呦诵晨诵课程、点墨书法、畅游拼音乐园、拥抱绘本娃娃、走进诗词国度、我爱课本剧社、诗中季节、创意写作等。

2. "智数学"。"智数学"课程是通过解决生活中的实际问题来沁润学生智慧的数学课程。该课程从构造真实的情境开始,让数学来源于生活并运用于生活,让每一个孩子体会到数学的应用已经渗透到现代社会的各个方面,能直接为社会创造价值。"智数学"课程群包括:制作拼图、身体上的尺子、测量影子的面积、谁的套圈水平高、给桂花纯露定价、欢乐购物街、年月日的秘密、校园寻宝、制定节水方案、制定长沙一日游旅行计划、组织一次运动会、组织一次爱心义卖等。

3. "融英语"。"融英语"课程以育人目标为导向,满足学生发展需求,熏染培养学生英语核心素养与核心竞争力,为青少年在国际交流中打下融洽的语言基础。

"融英语"课程群包括:非遗双语课、英语戏剧、英语配音、英语故事、英语动漫社、英文广播站等。

4. "雅音乐"。"雅音乐"课程注重艺术感知及情感体验,激发学生参与艺术活动的兴趣和热情,使学生在欣赏、表现、创造、融合的过程中,形成丰富、健康的审美情趣。"雅音乐"课程群包括:合唱、舞蹈、电子琴、管乐团、口风琴等。

5. "健体育"。"健体育"课程是以身体练习为主要手段,以体育与健康知识、技能和方法为主要学习内容,以发展学生核心素养和增进学生身心健康为主要目的的课程。"健体育"课程群包括:游泳、足球、篮球、羽毛球、啦啦操、智慧短绳、定向越野、武术等。

6. "趣美术"。"趣美术"课程坚持以美育人,引导学生积极参与各类艺术活动,感受美、欣赏美、表达美、创造美,丰富审美体验,学习和领会中华民族艺术精髓,增强中华民族自信心与自豪感。"趣美术"课程群包括:儿童画、阅读美术创意、剪纸、沙画、水彩、书法等。

7. "魔科学"。"魔科学"课程立足儿童的年龄特征、自然认知,关注儿童科学探究与日常生活的连接点,采用儿童喜闻乐见的方法,递进式地让儿童在项目式学习活动中建构新的认知体系,感受科学学习的乐趣与魔力,激发创新思维。"魔科学"课程群包括:航模海模、玩转科学、纸质模型、STEAM课程、设计改造晴耕雨读园、校园生物大搜索等。

8. "慧信息"。"慧信息"课程通过项目式的学习方式,将先进的编程教学理念与实践教学理念相结合,让孩子们在学习中不断发现编程的乐趣,不断提升编程思维能力与解决问题的能力。"慧信息"课程群包括:Scratch编程、乐高机器人、无人机编程等。

9. "沁道法"。在"沁道法"课程中,我们通过"生活链接"的形式,积极开展丰富多元的课内外活动。"沁道法"课程群包括:规则更快乐、健康游戏我常玩、我来辨一辨、传统游戏我会玩、我们的公共生活、变废为宝等。

三、创设"芬芳社团",发展儿童兴趣爱好

"芬芳社团"课程是扬个性发展、促快乐成长的多元课程。该课程以"参加一个

社团,培养一个兴趣;学会一门知识,练就一项技能;体会一次成功,享受一份芬芳"为目标,致力于让学生在学习中增长知识与技能,培养学生的创新精神和实践能力。

"芬芳社团"分为"四瓣花"板块,社团课程内容涵盖体育类、科创类、美术类和音舞类四个方面。体育类课程有篮球、足球、啦啦操、跳绳、游泳、定向越野等。科创类课程有编程、人工智能、机器人、科技创新、纸质模型等。美术类课程包括阅读美创、儿童画、剪纸、沙画、水彩画等。音乐类课程包括合唱、舞蹈、器乐等。

在设计和安排课程内容时,学校课程组考虑学生的兴趣和能力水平,确保课程内容具有挑战性和趣味性。学校也通过多方借力与课程资源的融合,进一步对特色社团课程进行教学内容的有机统整和深入挖掘,根据各年段的学生特点设计不同的教学内容,力求形成课程系列,逐步将"芬芳社团"课程做细、做深、做实。此外,学校还提供足够的教学资源和教学支持,如图书馆、实验室、教育技术工具等,以帮助教师更好地教学,学生更好地学习。

学校成立课后服务特色社团领导小组,全面排摸校内教师特长、专业素养以及课程开发能力,选聘优秀教师担任辅导老师。辅导老师根据不同年级学生选择意向,分设多个梯队,利用校内课后服务时间开展特色社团活动。"芬芳社团"特色成长项目以个性化菜单形式呈现,供家长和学生选择。社团课程采用跨年级走班上课的形式。基本实施路径为:老师(校内外)根据特长兴趣申报社团课程—开学初撰写课程计划—课程中心审核—发布选课信息—学生线上选课—社团开课—课程中心全程监督指导—社团展示—社团总结评价。

四、推行"芬芳之旅",落实研学旅行课程

《中小学德育工作指南》中明确提出:"利用好研学实践基地,有针对性地开展自然类、历史类、地理类、科技类、人文类、体验类等多种类型的研学旅行活动。"

"芬芳之旅"的课程设计旨在让学生在轻松快乐的活动氛围里,通过触摸大自然、走进场馆和军旅体验以及其他职业体验等形式开展研究性学习,获得良好的体验和思想教育。

1. 走进自然,领略春秋之美。学生走出校门,走进大自然,通过看、听、摸、闻去接触自然,领略美好,达到放松心情、陶冶情操、增强感受的效果。

2. 动手劳动,体验生活之美。劳动创造美好生活,学生通过农业劳动、养殖劳动、生产劳动、创造性劳动等多种方式体会劳动带给自己的快乐。

3. 参观学习,收获知识之美。学生参观红色教育基地,在看与听中了解红色故事,体会红色精神;参观科技实践基地,了解科技发展成果,感受科技力量;参观农业实践基地,了解农业知识,体验农业劳动等。

五、创意"芬芳探究",推进项目学习课程

为了加强学生对学校文化的了解、认同和热爱,全面提高学生动手动脑的能力,提升综合素养,学校确立了以"走近桂花,四季芬芳"为主题的综合化主题课程研究方向,希望通过这一主题课程的落地,真正推动项目学习常态实施,探索出综合实践与劳动教育整合的有效路径,推动多学科课程融合,从而落实立德树人根本目的,撬动育人方式变革。

"走近桂花,四季芬芳"综合化主题课程的架构是分层的,分为"领域—模块—主题—活动"四个层次。"走近桂花,四季芬芳"是领域,品桂之性、寻桂之源、制桂之方、养桂之法、食桂之味是模块,模块之下是学生探究的主题。

表4-2 仰天湖桂花坪小学"芬芳探究"项目设置

模块	内容	主 题
品桂之性	关于桂花种子的探究	桂花种子知多少——资料收集:了解桂花种子。
		种子形态有比较——自然观察:不同品种桂花种子、不同品种植物种子形态比较分析。
		桂花种子巧保存——劳动实践:桂花种子的采收、处理和存放,制作种子集。
		趣味种子粘贴画——创意物化:创作种子画。
		种下一颗小种子——劳动实践:种下花木种子。

续表

模块	内容	主题
寻桂之源	关于常见桂花品种的形态的调查分析	桂花品种知多少——资料收集:了解桂花主要栽培品种。
		品种形态我记录——实地考察:观察不同品种的桂花树根、芽、枝、叶、花、干的形态特征。
		桂树标本永留存——动手制作:桂花的花、果、枝叶原色浸液标本制作,叶脉书签制作。
		桂花古树我探寻——基地研学:实地考察长沙桂花古树,观赏秋季古树桂花。
		桂花摄影作品展——展示交流:兼具科学性和艺术性的桂花品种照片展。
	桂花诗词集汇编实践	桂花诗词意向美——资料收集:了解文化作品对桂花的描写。
		自主汇编诗文册——创意设计:制作桂花诗词集,图文并茂,内容齐全。
		桂花诗集呦呦诵——产品推广:将诗词集包装、出品,通过日常吟诵、创意唱诵,推广诗词集。
		经典诵读桂芬芳——活动策划:师生共同策划有关桂的诗文经典诵读大赛,致力于活动的分享交流和评价。
	有关校园桂文化的设计的调查与实践	校园桂花元素多——实地考察:校园中哪些文化设计渗透了桂花元素。
		百问百答解桂谜——创意设计:撰写实地考察报告,设计百问百答小册子,解释丹桂楼、月桂楼等取名由来等问题。
		设计校园吉祥物——创意设计:学生根据"桂"元素设计校园吉祥物。
		我给学校提建议——分享交流:学生向校长妈妈提交校园文化建设建议书,为校园桂文化设计贡献自己的一份力量。
	关于桂花坪地名由来的调查	此地美称桂花坪——资料收集:了解长沙市天心区桂花坪地名的由来与历史。
		小脚丈量桂花坪——实地考察:实地考察桂花坪地域,寻找与桂花相关的元素与痕迹。
		美名由来纸上书——撰写报告:学生经资料收集和实地考察之后,撰写调查报告。
		桂花坪史大家晓——分享交流:学生发布调查报告发布会,向同学、老师和市民朋友宣扬桂花坪地名由来及历史。

续表

模块	内容	主题
制桂之方	关于桂元素与剪纸艺术融合的探究	剪纸艺术初体验——资料收集:了解剪纸艺术,尝试简单的剪纸花样。
		剪纸大师传技艺——人物访谈:向剪纸大师请教剪纸技巧,以及如何进行剪纸创新。
		桂花元素巧融合——创意设计:设计含有"桂"元素的剪纸底稿图。
		指间灵动桂花香——劳动实践:剪出含有"桂"元素的剪纸作品。
		艺术剪纸作品展——评价交流:剪纸作品展示,学生欣赏、品评最具创意的剪纸作品。
	关于桂叶插花艺术的探究与实践	插花艺术初体验——资料收集:了解插花艺术,尝试简单的插花。
		花艺大师传技艺——人物访谈:向花艺师请教插花技巧,以及如何进行插花创新。
		插花设计巧构思——创意设计:设计含有"桂"元素的插花设计。
		百变造型桂花香——劳动实践:用桂花等花木材料创意插花。
		插花作品美校园——展示交流:用桂叶插花作品装扮校园。
	自制古法桂花草纸的探究与实践	古法造纸初体验——基地研学:了解古法造纸。
		花草入纸有方法——人物访谈:向老师请教花草纸的制作方法。
		桂花入纸芬芳留——劳动实践:制作美好的、有创意的"桂"元素花草纸。
		草纸制作桂花灯——劳动实践:用自制的含有"桂"元素的花草纸制作灯笼。
		桂花灯笼挂桂枝——展示交流:用桂花灯作品装扮校园。
	自制桂花工艺品的探究与实践	走近桂花工艺品——资料收集:了解有哪些与桂花相关的工艺品。
		自制桂花工艺品——劳动实践:自制桂花香囊、水彩桂花团扇、桂花夹子等工艺品。
		产品推广有方法——创意设计:为自制桂花工艺品进行产品包装,设计产品推广方案。
		桂花工艺品展销会——活动策划:学生策划自制桂花工艺品展销会,展销会上进行义卖交流。

续表

模块	内容	主　题
养桂之法	自制桂花护肤品的探究与实践	植物护肤品初了解——资料收集：了解什么是护肤品，思考如何将桂花精华融入某种护肤品。
		桂花护肤品我提取——劳动实践：通过特定装置，亲手将桂花的精粹提炼出来，自制护肤品。
		护肤品包装共设计——创意设计：为自制的桂花护肤品取名、写产品说明书、设计广告语、议价定价等。
		爱心护肤品赠他人——分享交流：将自制的爱心桂花牌护肤品，带着不同设计的包装，带着满满祝福，送给最爱的人。
	桂花盆景养护管理的探究与实践	桂花盆景初了解——基地研学：了解桂花盆景。
		盆景养护寻技巧——人物访谈：向专业人士请教盆景养护的技巧。
		桂花盆景重修剪——劳动实践：学生尝试在老师指导下修剪桂花盆景。
		盆景养护有方法——劳动实践：精心养护桂花盆景，总结养护经验。
		桂花盆景造桂景——展示交流：用桂花盆景装扮会议室、报告厅、楼梯、门廊等校园各处，营造桂文化。
	校园桂花树的养护实践	桂树养护寻技巧——人物访谈：向园林专业人士请教校园桂花树养护的技巧。
		桂树养护靠大家——劳动实践：深耕扩塘、松土、除草、施肥、整形修剪、冬季防寒等系列养护行动。
		病虫防治深探究——实验研究：桂花树常见病虫害识别与防治研究，撰写研究报告。
		养护心得交流会——分享交流：各探究小组分享桂花树养护经验，交流心得。
	关于我校桂花树生长情况调查	校园桂树我调查——实地考察：了解仰天湖桂花坪小学校园里有多少棵桂花树，分别是什么品种。
		影响因素深探究——对比研究：校园里哪些桂花树长得好，哪些桂花树长得不好，分析可能的原因。
		桂树索引有地图——设计制作：绘制校园平面图和桂花树索引图。
		设计桂树名片卡——创意设计：为校园的每一棵桂树设计专属的形态各异的名片卡，展示树木信息和护绿提示语。

续表

模块	内容	主 题
	关于秋季文明采花的号召与实践	桂花采集初了解——资料收集：了解桂花妥善采收和妥善保存的方法。
		桂花采收应适时——劳动实践：在秋桂短暂的花期,适时用多种方法做好采收。
		保鲜以及初加工——劳动实践：采收之后立即保鲜,并做好初加工。
		采花时节不伤桂——环保宣传：制作宣传铭牌,号召同学、家长和市民在桂香时节合理采花,不伤害桂树。
	关于校园里桂花年生长变化规律的探究	桂花生长有规律——资料收集：了解秋季桂和四季桂一年生长发育情况。
		生长细节勤观察——实地考察：记录不同时段校园桂花树的生长变化规律。
		访问行家有收获——人物访谈：向园林种植专业人士请教桂树的生长知识。
		探究报告撰写好——成果汇编：将研究性学习成果撰写成文字,图文并茂,生动易懂。
		科普宣传亮点多——展示交流：向仰天湖桂花坪小学的学生和家长科普宣传桂花树的年生长规律。
食桂之味	关于桂花入茶的探究与实践	工艺繁复桂花茶——资料收集：了解桂花茶的加工工序和种类。
		茶艺茶道初体验——劳动实践：体验传统茶艺,体验茶香美学。
		动手自制桂花茶——劳动实践：自制桂花茶,创新设计桂花茶配方。
		桂花入茶品香会——展示交流：策划桂花茶艺展示会,邀请同学、老师和家长赏茶艺、品桂花茶。
	自制桂花美食的探究与实践	桂花入菜有传统——资料收集：了解桂花入菜的历史与传统,了解桂花的食疗功效等。
		桂花食谱趣设计——创意设计：自制桂花食谱,菜名、材料、厨具、制作步骤、成品菜样一应俱全,图文并茂。
		桂花美食我制作——劳动实践：亲手制作创意桂花美食。
		桂花美食分享会——活动策划：策划桂花节美食分享会,设计美食包装,推销自制美食。

六、激活"芬芳校园",开发环境隐性课程

桂花坪,作为地名,由来已久。若干年前,这里曾是一片芬芳馥郁的桂花林。学校充分提取所处地域文化基因,以"桂花"命名,基于"根深叶茂、花开有时"的核心理念,深度挖掘"桂花"元素作为文化建设的母元素,全面推进校园文化建设,与学校所在的地域、生态融为一体,体现校园文化的生命性。

让文化在校园中弥漫开来,校园文化的打造就是最好的载体,让校园成为美好的育人空间,充分挖掘其育人功能,让学生时时处处浸润在浓浓的文化氛围中,获得成长的力量。让每一面墙壁都会说话,每一条通道都富有活力,每一个设施都具有教育功能,每一处角落都诠释着文化育人的润泽,全方位打造富有生命气息的蓬勃的"芬芳校园"。

1. 楼宇命名,文化熏染。学校现有兰桂楼、月桂楼、丹桂楼、桂馨楼、桂冠楼五栋教学楼,学校建筑以"桂花"为载体,采用轻快明亮、充满活力的橙色为主色调,寓意着每一朵小桂花在校园里向阳生长、精彩绽放。以"桂花"为主题,学校种植了百余棵桂花树、"春华秋实"果树园、"晴耕雨读"劳动实践基地,孩子们在学校里尽情探索,恣意生长。在学校大厅,设计了"滋兰树蕙,成人之美"的教师形象墙,"发现美好,成就精彩"的学生笑脸文化墙,让每一个师生走入校园之时,都能找到归属感,并拥有一种欣欣向上的生长感。校园空间建设力求将无形的精神文化隐含于有形的物质文化之中,隐含于一草一木、一图一字之中,让教育无时不在、无处不在,让学生抬头有所见,俯身有所得,在潜移默化中得到文化熏陶和润泽。

2. 廊道设计,共创共生。我们在每一个教学楼楼层设计主题文化长廊,采用PDC项目承包制,由老师和学生组队任项目负责人,以项目任务驱动成长,由学生与老师从"德智体美劳"五大领域进行智慧共创。花儿少年与芬芳教师分主题打造了十条PDC文化长廊,分布在两栋教学楼的楼梯间,上面陈列的都是孩子们的作品。孩子们在创作中成长,在体验观摩中熏陶。丹桂楼每一层活动场域根据不同域馆特色打造,如一楼"春泥"阅读长廊、二楼科技文化长廊、三楼剪纸书画长廊等。我们还在学校的楼道拐角,设计各种温馨的阅读吧,让好书随手可取,以阅读打好

精神的底子。学校的每一面墙壁、每一条廊道都承载着学校理念与文化,"小桂花"们每天在这里耳濡目染,受到美的教育,得到艺术的熏陶。漫步校园,这里弥漫着芬芳美好的文化特色,孕育着一颗颗向阳生长的种子。

3. 教室布置,文化沁润。教室是学校教育的主阵地,是学生学习和成长的乐土。班级文化作为学校文化的重要组成部分,有着巨大的教育潜力。学校教室采用"桂花"元素进行布置,窗帘上橙黄的小桂花点缀其中,与学校文化一脉相承,彰显"发现美好,成就精彩"的良好学风。除统一的布置以外,各班根据班级特色,学生自主共同创作设计班徽、班训,呈现了百花齐放的班级文化。每逢传统节日、特色活动,黑板报上的科普知识、植物角里争奇斗艳的小植物等让教室成为无限认知的世界;课间最受孩子们欢迎的读书角,让教室成为散发书香的天地;教室墙上学生书写的书画作品、声量宣传栏,让名人名言成为学生学习生活的座右铭,使学生在伟人们高尚的情操和耳濡目染的德育教育中潜移默化地受到良好熏陶,让教室成为平等对话的世界;每学期初,在"心愿树"或"成长袋"挂上新学期的目标,班级评比栏上你追我赶的一朵朵小红花,让教室成为挑战自我的擂台。

学校基于"根深叶茂、花开有时"的核心理念,践行对"一棵树的生长"与"一朵花的开放"的教育哲学领悟,立足于自身特色与优势,深耕校园文化课程开发,"芬芳校园"空间建设正以可视、可闻、可感的形式,浸润着师生的心灵,推动着学校向更高更远的目标迈进。

七、做好"芬芳节日",浓郁课程实施氛围

节日,是指生活中值得纪念的重要日子,是世界人民为适应生产和生活的需要而共同创造的一种民俗文化,是人类日常生活中的精华。"芬芳节日"将传统的节日以及我校特定的节日结合起来形成独有的节日体系,积极探索传统文化教育的本土化与现代化,通过课程化的实践,将传统文化教育落在实处。学校通过小学课程设计,努力探寻并形成系列的可操作的教育内容、教育方法,在更大范围内渲染课程氛围,让芬芳少年得以精彩绽放。

学校结合本土特色以及社区资源,从德智体美劳五个维度,以年级为单位,设

置"六大传统节""三大主题节""三大礼节",完善"芬芳节日"课程。"芬芳节日"课程要求做到"四个专注",即专注前期准备、专注学生兴趣需求、专注实施过程、专注学生成长收获。

"六大传统节"指的是春节、元宵节、清明节、端午节、中秋节、重阳节。我们对传统节日进行梳理,对其教育功能进行准确定位,如:春节——感恩;元宵节——团圆;清明节——缅怀先贤、拓展文明、亲近自然;端午节——爱国情怀;中秋节——爱家孝亲;重阳节——尊老、敬老、爱老、助老等。

"三大主题节"指的是学校特定的读书节、桂花节、艺体节。读书节以亲子共读、呦呦晨读、逸静午读为形式,结合课本剧表演、朗读等方式提升队员的阅读和表达能力;桂花节是以学校独特的"桂花"为元素开展的一系列劳动实践教育,如桂花香囊的制作、桂花香水的陈列等;艺体节是以"三独"比赛、班级合唱合奏比赛、运动会等为形式举办的一系列提升学生艺术、体育素养的节日。

"三大礼节"指的是一年级开笔礼、四年级成长礼、六年级成童礼。中华传统文化与少先队的组织教育相结合,三大礼仪教育准确定位。一年级开笔礼是入学课程的一部分,通过有仪式感的教育形式让孩子喜欢上小学的生活;四年级成长礼举办红领巾的换巾仪式,培养学生勇于担当的品格;六年级成童礼定义筑梦远航,做好推优入团,让学生明白入团是队员现阶段要追求的目标。(见表4-3)

表4-3 仰天湖桂花坪小学"芬芳节日"安排表

学期	月份	节日	活动安排
上学期	一月	春节	包年饺、守岁、贴春联、剪生肖窗花
	二月	元宵节	包汤圆、猜灯谜
	三月或四月	清明节	讲英雄故事、云端祭英烈
		读书节	读书月活动
	五月	成长礼	换巾仪式(1米红领巾换成1.2米红领巾)
	六月	端午节	包粽子
	七月	成童礼	正衣冠、敬父母、敬师长、谢同伴、过成长门

续表

学期	月份	节日	活动安排
下学期	八月	开笔礼	朱砂启智、击鼓鸣志、启蒙描红
	九月	中秋、重阳节	赏月、慰问老人
	十月	桂花节	探索制作桂花产品
	十一月	艺体节	"三独"之冠

八、做实"芬芳田园",落实劳动教育课程

仰天湖桂花坪小学目前已形成"三圈"融合型劳动教育课程体系,学校基础课程聚焦日常生活劳动、生产劳动和服务性劳动,开学初制定教学计划,具化劳动任务,教研组集体备课,研写教学资源包、教案和制作课件,形成劳动教育课堂范式。学校依托晴耕雨读基地和班级植物角,开展种养护收售赠项目式课程。针对当前劳动教育低技能、浅层次的困境,学校开发了"芬芳田园"劳育课程,通过多维度学习方式变革引领劳动教育的开展,培养学生的综合能力和核心素养。

学校强调劳动育人,强化学生劳动实践,引导学生在亲历劳动的过程中,树立正确劳动观念,掌握基本劳动技能,养成热爱劳动、勤于劳动的良好习惯,体验劳动创造的美好生活。学校劳动教育强调"三化":一是确立长探主题,让劳动融入学校文化;二是开发校本课程,让劳动教育常态化;三是参与基地种植活动,让劳动实践真实场景化。

1. 确立长探主题,让劳动融入学校文化。学校首先依托地域文化确立探究性主题。学校地处长沙市天心区金桂社区,校名为"仰天湖桂花坪小学",校园各处种满了桂花树,因此学校确定"校园桂花树管理、养护和相关活动场景设计"的探究主题。在农林劳动实践中,引导学生探索监测桂花树生长土壤环境、制作桂花树肥料、自制环保杀虫剂等;在工业制造劳动实践中,开展学习提取桂花染料、制作桂花香氛、制作古法桂香纸张等劳动实践;在职业体验劳动实践中,组织学生推广销售

桂花周边产品等。

2. 开发校本课程,让劳动教育常态化。学校组织骨干教师巧用周边资源开发相关教材,将劳动教育体系的六大板块细化开发出一套校本教材。项目包括建筑纸模手脑双挥、指尖灵动匠心剪纸、一盏茶香艺润童心,等等。同时依据课程,学校向全校家长征集志愿教师,建立家长资源库,邀请他们一起到班级公益开讲。另外,学校根据各年级学生不同的知识基础和身心特点开发劳动课程内容。如学校延伸开发的劳动进阶式课程,使学生在劳动技能技巧方面不仅实现自理自立,还能照顾家人、服务社会。例如:自理劳动层面,学生自我服务意识及自理劳动能力是学生参与社会劳动实践的前提,以家庭为活动范围,学生要学会整理学习用品、清扫自己的房间、清洗小件衣物等;家庭劳动层面,学校引导学生以实际行动践行"孝亲、敬老、爱幼"的美德思想,从家庭小事做起,参与家庭劳动,如为家人做早餐、打扫家庭卫生等,指导家长在家中给孩子设置"家庭劳动小岗位",确定孩子适当的常规家务劳动量;班级劳动层面,学校从班级、校园保洁和环境绿化等方面组织学生参与红领巾小管家活动,如合理、有序、整齐摆放教室物品,卫生清扫后及时整理劳动用具,主动维护黑板、课桌、讲台、教学仪器等;公益活动层面,学校以班级为载体,以家委会为依托,创造条件让学生积极参加学校、家庭、社区组织的助老助残、绿化美化公益劳动。

3. 参与基地种植活动,让劳动实践真实场景化。学校在校园里开辟了种植实践园,取名为"晴耕雨读园",进行合理规划和分配。"晴耕雨读园"的劳动种植成为样本班的必修课,"新时代好农人"成为学生争相体验的劳动角色。各班成立了护绿小队,小队队员参加了种植培训后,在种植园里进行田间管理,指导老师定期做出指导。经过精心耕种、耐心培育,在收获季节,学校组织学生将自己培育的无公害蔬菜拿到市场上销售,再把卖得的钱买回种子和文具,一买一卖间,劳动转化为价值,付出得到回报,学生拓宽人际交往,初尝生活滋味。借力"晴耕雨读园",学校将课程延伸到课外和校外,不仅让学生获得积极的人生体验,还形成了家、校、社会三位一体的教育合力,为学生的综合素质培养搭设无限广阔的大舞台。(表4-4)

表4-4 仰天湖桂花坪小学晴耕雨读园种植研究活动

系列	种	养	护	收	售
项目	四季种植	营养供应	环保除害	收获成果	售卖体验
具体活动	种什么： 适合种什么？ 我们想种什么？ 我们能种什么？ 怎么种： 翻松土壤 除去杂草 确定株距 播撒种子 制作标签	怎样养护： 浇水施肥 除虫除草 观察记录 了解土壤： 对比种植 了解土壤 堆肥改善土壤	科学养护： 监测出芽率 统计植株生长 虫病观测 自制环保杀虫剂 绿植生长绘制 植物生长报告	合理采摘： 按季按时采摘 采摘的工具 保存的工具 如何成果最大化	美食准备： 整理食材 介绍食材 销售准备： 设计宣传 设定价格 摊位准备 现场销售： 收费记录 总结分析

九、评选"芬芳少年"，设计个性特长课程

"芬芳少年"综合素质评价分为阶段性评价和终结性评价，阶段性评价是每学期结束后进行的评价，终结性评价是每学年结束时进行的评价。

"芬芳少年"综合素质评价依照"红领巾奖章"线上、线下争章情况，从德育、智育、体育、美育、劳育(分别对应沁心、盈智、健体、雅趣、励行)五维评价，按学生自评、学生互评(小组成员间互评)、班级评价、家长评价、年级审核、学校认定、申诉和复核七个步骤进行。

1. 学生自评。学生在班主任和小团队辅导老师指导下，按照"芬芳少年"德育课程评价体系实施方案及综合素质评价细则，依据学生成长档案袋记录，每月对自己做出一次客观公正的评价。自我评价重在引导学生发现自己的进步，体验成长的快乐，认识存在的不足，明确发展的方向。

2. 学生互评。学生在班主任和小团队辅导老师指导下，小团队成员之间按照"芬芳少年"德育课程评价体系实施方案及综合素质评价细则，依据学生《仰天湖桂花坪小学"芬芳少年"综合评价手册》上的内容记录，结合平时的观察了解，采取讨

论和不记名方式对班级内(小组内)每个同学进行评价,每月进行一次。学生互评重在相互交流、相互学习,相互激励、相互促进,侧重于帮助同学总结成绩、发现不足,明确努力方向。

3. 班级评价。班级成立"芬芳少年"综合素质评价工作小组,成员由班主任、教师代表、学生代表组成,班主任任组长。评价小组由七至九人组成,其教师代表须是本班任课教师,对学生有充分的了解,具有较强的责任心和诚信品质。小组成员名单要在评价工作正式开展一周前向全班学生公布,并得到三分之二以上学生的同意。班级"芬芳少年"综合素质评价小组负责对学生《仰天湖桂花坪小学"芬芳少年"综合评价手册》的真实性和学生自评、互评结果的客观公正性进行审查,并对获评A等和D等的学生的情况进行认真复核。班级评价小组在尊重学生自评和互评结果的基础上,对有争议的结果,可根据《仰天湖桂花坪小学"芬芳少年"综合评价手册》上所记录内容和实际表现重新评价,并注明理由。

4. 家长评价。在学生《仰天湖桂花坪小学"芬芳少年"综合评价手册》中设置家长评价一栏,家长每学期对孩子的综合素质进行公平公正、客观真实的评价,评价结果要由学生本人真实地录入《仰天湖桂花坪小学"芬芳少年"综合评价手册》中。

5. 年级审核。年级成立综合素质评价工作小组,成员由学部部长、教师和学生代表七至九人组成,年级主任任组长。年级综合素质评价工作小组负责审核各班级评价结果,组织咨询和复核。

6. 学校认定。学校成立"芬芳少年"综合素质评价工作委员会,成员由校长、教师和学生代表组成,校长任主任。"芬芳少年"综合素质评价工作委员会负责制定综合素质评价工作方案和标准,组织和指导评价工作,认定评价结果,受理咨询和申诉申请。

7. 申诉和复核。学校将评价结果以书面形式通知学生本人及其家长,学生及其家长若对评价结果有异议,可以书面形式向"芬芳少年"综合素质评价工作委员会提出申诉。学校从收到申诉之日起十日内组织复核并给予书面答复。

综上所述,课程治理的目标性指引着学校课程变革的方向性。"桂花树下课程"期待"芬芳教师"能够在课程中有效地发挥教化作用,不断散发教育的魅力,"芬芳少年"能在课程的影响下,收获真知、分享喜悦、传递幸福,绽放生命的芬芳。桂花树下,我们期待,每个人都能遇见更好的自己!

第五章
课程治理的过程性

学校课程治理的过程是以发展学生核心素养为根本追求的课程愿景达成的过程。学校课程以立德树人为根本任务,全面落实课程育人为宗旨,根据自身的办学特色,发现捕捉课程问题,打破传统课程的思维模式,探索多样化的课堂形态,充分利用学校与本地区的各项资源,因地制宜进行优化提质,构建清晰合理的课程体系。

教育治理的核心是课程治理,课程治理的质量决定教育治理的质量,影响人才培养的质量。有学者提出,"学校课程治理是指由多元主体为达成提升学校课程育人水平、建设高质量课程体系,进而促进学生核心素养发展和生命成长的教育目的,平等参与学校课程决策并参加学校课程开发、实施、评价等多个环节的课程管控模式"[①]。这就需要管理者通过建设多元课程利益主体参与的课程治理体系,统整不同课程利益主体的专业知识与专业资源,调和不同课程利益主体间的关系,优化课程资源高效率和高品质的实施以及科学化、系统化评价的过程。学校课程治理的过程,是以立德树人为根本任务,以全面落实课程育人为宗旨,在课程建设中发现捕捉课程问题,充分调动多元化课程资源,进行科学优化,设计构建清晰合理的课程体系。

首先,准确捕捉课程问题是课程治理的起点。在学校的课程治理中,因为治理理念的革新、治理体制的完善、治理方式的改革,课程决策、课程规划、课程实施、课程评价以及课程资源开发存在各种问题。在基于国家培养目标、落实学校育人目标、提升教师专业成长、促进学校高品质发展的过程中,拥有敏锐的洞察力和严谨的逻辑分析能力,准确捕捉课程建设中的问题,是课程治理的良好开始。

其次,科学设计课程体系是课程治理的关键。学校的课程治理既是一个专业的过程,也是一个需要不同课程利益主体齐心协力推动的过程。有学者指出,"在实际的课程治理行动中,可以根据治理的问题难度、治理的主体组合、治理过程的难度等,灵活多样地采取一种或者多种治理方式,实现课程治理方式的优化组合,实现功能互补"[②]。在学校课程治理中,学校以发展学生核心素养为根本追求,根据自身的办学特色,探索多样化的课堂形态,充分利用学校与本地区的各项资源,科学设计课程体系,进而更好地体现学校课程规划的整体性、逻辑性、实践性以及研

---

① 罗生全,吴志敏."双减"背景下学校课程治理的内容体系及优化机制[J]. 现代教育管理,2023(2):71—81.
② 徐昌,曾文静.学校课程治理的核心要素[J]. 教学与管理,2021(15):77—81.

究性,这一过程成为课程治理中的关键环节。

最后,全面落实课程育人是课程治理的旨归。课程是实现育人目标的方向与载体。有学者提出,"基础教育学校需要坚持系统观念,整体优化学校育人环境和育人方式,以课程的系统建构和教学方式的持续改进促进学校教育提质增效,全面提升人才培养质量"[①]。在学校课程治理的过程,为全面落实立德树人的根本任务,将全员、全程、全面的育人理念,贯穿于课程建设全过程,对课程进行整体顶层设计,在课程的开发、实施、评价与总结的过程中,培养学生全面发展的能力和素质,实现课程全面引领,是学校课程治理的旨归。

总之,课程治理的过程是提升学校课程育人水平、更好促进人的终身培养的有效方式,学校要确保学校课程治理事项得以有效而又规范地运转。

---

① 车丽娜.坚持系统观念,优化育人方式,全面推进基础教育课程与教学改革——关于学习和落实《基础教育课程教学改革深化行动方案》的认识[J].山东教育,2023(Z4):27.

"岭秀课程"：给予每个生命达峰尽秀的力量

长沙市天心区仰天湖赤岭小学坐落于国家级历史文化名城长沙，创建于20世纪60年代，在长沙城南第一高峰"赤岭"之巅，与风景秀丽的岳麓山隔江相望。东临芙蓉路，西亲湘江水，南靠二环线，北眺天心阁，地理位置极佳。现有教学班38个，学生1608人，教师92人。2018年并入仰天湖教育集团，更名为长沙市天心区仰天湖赤岭小学。学校在全省首创"AI+五育"项目式教研工作坊模式助推教师队伍建设，戏曲、武术、网球、交响管弦乐、书法、模型等项目成为学校特色发展的传统项目与名片。

第一节　让每一个生命达峰尽秀

学校教育哲学是学校所信奉的教育思想,是根据学校的现实情境,包括地域文化、师生特点、教学传统等所确定的学校独特的发展方向。"岭秀教育"就是尊重并引导孩子找到属于自己的最佳的方式和状态,不断超越自我,让每一个生命达峰尽秀。

一、学校教育哲学:"岭秀教育"

我校地处天心区地势高地,在自然与历史的进程中"山岭"陪伴着人们,基于"岭秀"文化,我们确立了学校教育哲学是"岭秀教育"。"横看成岭侧成峰,远近高低各不同",在"赤小"教育人眼中,这样的不同角度的岭峰之美就是"岭秀",是每个生命在追求美好中绽放出的独特姿态。

在目的论维度,"岭秀教育"是激发潜能的生长教育。教育即生长。丹尼尔·派克尔斯基指出,第一,生长是一个连续不断的过程;第二,虽然每个人的生长过程有不同的特点,但生长是本质特征;第三,生长是有机体不断提高解决环境中出现问题的能力的过程。生长不仅是解决生活环境中出现的问题,还是对组成自己生活世界的事物、事件和活动的评价。学生具有与生俱来的"内在生命力或内在潜能",这种生命力是一种发展着的存在,具有无尽的力量。人的天性是潜在的,我们要尊重并激发这种天性,让孩子在心灵深处感受到教育给予自己的尊重和赏识。

在内容论维度,"岭秀教育"是追求发展的全人教育。"全人教育"的内涵是将每一个学生培养成全面发展的"全人"。学校面向全体学生,在注重全面发展的基础上,注意挖掘学生的个体特长,致力于特长的培养提高,从而为学生奠定人生幸福的基础。

在方法论维度,"岭秀教育"是各美其美的超越教育。一些哲学家认为,人的超越性是人的生命本质。学校进行超越教育需要激发学生超越动机,确定超越目标,授予超越途径与方法,引导学生培养自我超越的意识和能力,通过超越自我发现更好的自己。

基于"岭秀教育"哲学,我校确立办学理念:让每一个生命达峰尽秀。我们秉持如下教育信仰:

我们坚信,

教育就是生长;

我们坚信,

学校是激发孩子潜能的地方;

我们坚信,

教师是引领儿童超越自我的领航者;

我们坚信,

孩子在不断追求美好过程中都能获得成长;

我们坚信,

让每一个生命达峰尽秀是教育描绘出的美好图景;

我们坚信,

给予生命达峰尽秀的力量是每个教育者最神圣的使命。

二、学校课程理念

基于上述办学理念,我校确定了这样的课程理念:给予生命达峰尽秀的力量。这一课程理念有丰富的内涵:

——课程即生长的力量。孩子是发展中的人,孩子是独特的个体。所以,我们的课程更需关注学生身心发展规律,每个孩子的个人特点应得到尊重,让学生站在教育舞台的正中央。我们既要抓住学生生长的内部条件——已有的"一种积极的潜力或能力——向前生长的力量",也要巧妙地融通学生生长的外部条件——生活尤其是社会生活。只有把客观知识植根于日常的生活之中,才更易激发学生的内在力量去主动获得，客观知识才可能成为学生的经验与实践智慧，人才会获得真正意义上的生长。

——课程即学习的旅程。一段旅程的路径不同，所见风景不同。课程则给经历学习旅程的孩子们提供了不同路线，将引导、传授、发现学习的方法作为学生学习旅程中的景点，打破学科界限，融合新型教与学的信息技术，为学生打开新的视界，让课程成为解锁孩子学习旅程中惊喜的钥匙，让课程成为学习旅程疲惫时的落脚点。

——课程即美好的相遇。教育，是为了让孩子到了某个特定的阶段时，能够更容易接近他们想要的东西——不管是一首诗，一种理想，一项事业，或者成为一位英雄。我们的学校课程就是要创造这样的美好相遇，让学生在学习经历中获得知识、提升能力、锤炼品格、找到热爱，让每个孩子都能在课程中尽情展示自我，获得超越自我的美好。

总之，我们认为课程是能让学生启迪心智和创新实践的向上阶梯。我们坚守"让每一个生命达峰尽秀"的教育追求，精心设计学校课程内容、开展有意义的实践活动，让课程理念成为孩子们成长的基石，让孩子们"获得让生命达峰尽秀的力量"。因此，我们将"岭秀教育"下的仰天湖赤岭小学课程命名为"岭秀课程"。

第二节 站在生命高处的发光者

在办学实践中,每一所学校都要基于国家培养目标,建立起具体的、便于在实践中落实的、能切实引领学生发展的学校育人目标。落实立德树人根本任务,是实现课程育人目标的载体。学校育人目标既要体现学校教育的追求,也要体现出学校的文化特色,引领学生朝着生命高处寻找自身的光亮。

一、育人目标

我校倡导每一个人都做站在生命高处的发光者,致力培养爱国明理、沉静朴实、优雅笃行的"赤岭少年"。具体内涵如下:

——爱国明理,即爱国爱家,谦虚恭谨;

——沉静朴实,即勤奋好学,视野开阔;

——优雅笃行,即热爱生活,健康活泼。

二、课程目标

我们将育人目标细化,结合学生年龄差异,划分为各年级的课程要求,厘定我校"岭秀课程"目标,让每一个"赤岭少年"成为站在生命高处的发光者。(见表5-1)

表5-1 仰天湖赤岭小学"岭秀课程"目标表

年级	爱国明理	沉静朴实	优雅笃行
一年级	爱祖国、爱家乡、爱父母、爱班级、爱老师、爱同学。了解爱国主义的基本知识，培养良好的生活习惯和行为习惯，了解基本的道德规范和文明礼仪。遵守学校纪律，积极参加集体活动。诚信友善，宽厚待人。知错就改，自己的事情自己做。培养谦虚、礼貌、有分寸感的行为举止；尝试主动表达自己的观点。	培养学生的学习兴趣，掌握基本的学习方法和技能，初步培养学生的思维能力。掌握一年级文化课课程标准规定的要求。基本养成良好的学习习惯，在老师的指导下进行阅读，能提出自己感兴趣的问题。善于思考，乐于学习，有基本的动手能力，并能表达自己的观点。了解身边的人、事、物，开阔眼界，增强学习兴趣，形成良好的阅读习惯。	喜欢亲近大自然，乐于参与家庭生活的事务，愿意与他人合作，在老师指导下，能与他人合作。乐于参加各种体育游戏活动，感受体育运动给自己生活带来的乐趣，会玩1种体育游戏，主动亲近同伴。初步掌握简单的劳动技能，学会独立完成简单的劳动任务。
二年级	爱祖国、爱家乡、爱父母、爱班级、爱老师、爱同学。了解爱国主义的基本知识，培养良好的生活习惯和行为习惯，了解基本的道德规范和文明礼仪。珍惜友谊，懂得关心、体谅他人，诚实守信，遵守规则。诚信友善，宽厚待人。遵守学校纪律，积极参加集体活动。知错就改，自己的事情自己做。	掌握二年级文化课课程标准规定的要求，基本养成良好的学习习惯，有自主学习的意识。喜欢阅读，乐于分享。爱动脑，课堂上主动思考，积极发言，勇于质疑；生活中学会观察，大胆提问，在大人帮助下尝试解决问题，初步发展逻辑思维，培养独立思考的能力。	初步掌握简单技术动作，学习正确的身体姿势；会玩1—2项体育类游戏活动。结交班级里的几个好朋友。掌握一定的劳动技能。乐于和同学分享，遇到困难时能主动帮助他人，拥有积极乐观的生活态度。
三年级	爱祖国、爱家乡、爱父母、爱班级、爱老师、爱同学。了解爱国主义的基本知识，养成良好的生活和行为习惯，遵守学校纪律。学会尊重不同的意见和想法，学习倾听和沟通的技巧。积极参加集体活动及各项社团活动。传承中华优	掌握三年级文化课课程标准规定的要求，进一步养成良好的学习习惯，培养自主学习的能力。爱学习，兴趣浓，具有较强的好奇心和旺盛的求知欲，逐渐形成质疑的习惯。寻找校园内、生活中的有趣丰富的学习活动，	热爱生活，积极参与体育活动，掌握基本的运动技能，学习基本的安全自护知识和健康技能。养成锻炼的习惯，感受运动给自己的生命带来的乐趣，形成积极进取、阳光开朗的生活态度。具有积极的劳动态度和

续表

年级	爱国明理	沉静朴实	优雅笃行
	秀传统文化,理解社会主义核心价值观。	体验学习的快乐。学习团队合作,理解人与社会的关系。增加学科知识,提高综合素质。	良好的劳动习惯。
四年级	爱祖国、爱家乡、爱父母、爱班级、爱老师、爱同学。了解爱国主义的基本知识,养成良好的生活和行为习惯,遵守学校纪律,积极参加集体活动及各项社团活动。培养宽容心态,不轻易评判他人。学会独立思考和解决问题。传承中华优秀传统文化,理解社会主义核心价值观。	掌握四年级文化课课程标准规定的要求,能认真倾听、独立思考、自主探究、合作交流、反思质疑、展示分享,能运用所学的知识和技能解决问题,初步将所学知识运用于日常生活。增强综合能力,了解多元化的文化和社会形态,增强体验生活的能力。	热爱生活,积极参与体育活动,掌握基本的运动技能,学习基本的安全自护知识和健康技能。养成锻炼的习惯,感受运动给自己的生命带来的乐趣,形成积极进取、阳光开朗的生活态度。强化对劳动的认识和理解,了解不同种类的劳动和劳动者的形象,增强尊重劳动、尊重劳动者的意识。
五年级	对祖国、家乡、学校有良好的爱,有良好的道德品质,永远怀着一颗感恩的心。遵守社会公德和文明行为习惯,有规则意识和民主意识,有法治观念,有积极的生活态度和良好的心理素质。有正确的价值取向和为人处事的基本原则,愿意为集体服务,做事有责任感,勇于承担责任,坚持不懈,能明辨是非,能感同身受,能顾及他人感受。养成礼仪习惯,懂得尊重长辈。培养责任感,积极参与公益活动。积极参加集体活动及各项社团活动。传承中华优秀传统文化,理解社会主义核心价值观。	热爱学习、乐于学习、学会学习,保持积极主动的学习兴趣,掌握五年级文化课课程标准规定的要求。培养良好的学习习惯和初步的自主学习能力。具有大胆创新和积极探究的意识,对问题有独特的见解和观点,并有勇气表达不同的观点。熟练运用所学知识和技能解决问题。探究未知领域,学会创新思维和实践能力,增强自主学习和解决问题的能力。拓展知识领域,增长生活经验,感受知识与生活的联系。	热爱生活,能积极参加各项体育运动,掌握多种运动技能,初步了解健康生活方式。通过国家体质健康测试,掌握2—3项体育运动技能,并成为特长项目。享受运动带来的乐趣,激发潜能,磨炼意志。强化对劳动的认识和理解,了解不同种类的劳动和劳动者的形象,增强尊重劳动、尊重劳动者的意识。主动参加家务劳动、公益活动和社会实践活动。

续表

年级	爱国明理	沉静朴实	优雅笃行
六年级	对祖国、家乡、学校有良好的爱，有良好的道德品质，永远怀着一颗感恩的心。遵守社会公德和文明行为习惯，有规则意识和民主意识，有法治观念，有积极的生活态度和良好的心理素质。 有正确的价值取向和为人处事的基本原则，愿意为集体服务，做事有责任感，勇于承担责任，坚持不懈，能明辨是非，能感同身受，能顾及他人感受。 了解党的历史和国情，珍惜国家荣誉。建立初步的全球意识和开放的心态。	热爱学习、乐于学习、学会学习，保持积极主动的学习兴趣，掌握六年级文化课课程标准规定的要求。培养良好的学习习惯和初步的自主学习能力。具有大胆创新和积极探究的意识，对问题有独特的见解和观点，并有勇气表达不同的观点。熟练运用所学知识和技能解决问题。 提高思维能力和创造力，为未来发展打下坚实基础，增强社会责任感。	热爱生活，能积极参加各项体育运动，掌握多种运动技能，初步了解健康生活方式。通过国家体质健康测试，掌握2—3项体育运动技能，并成为特长项目。享受运动带来的乐趣，激发潜能，磨炼意志。 强调劳动的创造性和创新性，了解不同职业领域中的创新和发明，激发创新思维和创造能力。主动参加家务劳动、公益活动和社会实践活动。

总体而言，我们的课程目标旨在通过不同年级的教育内容和方法，全面培养学生的品格素养、学习能力、实践能力和生活技能。我们相信，通过这样的课程设计，我们能够为学生的未来成长奠定坚实的基础，给予每一个生命达峰尽秀的力量。

第三节　搭建生命成长的阶梯

为了实现上述课程目标和学校育人目标,我校建构了"岭秀课程"体系,将具有内在联系的不同学科、不同领域的知识内容关联起来,形成相对独立又共通融合的课程架构,搭建每一个生命美好成长的阶梯。

一、课程逻辑

"岭秀教育"核心文化体系包括办学哲学、培养目标、办学目标、校训、标志等。学校文化之于一所学校,犹如灵魂之于生命、思想之于人类,是一所学校凝聚力和活力的源泉,它是办学实践的指南、课程建设的基础、特色形成的关键和校长成熟的标志。(见图 5-1)

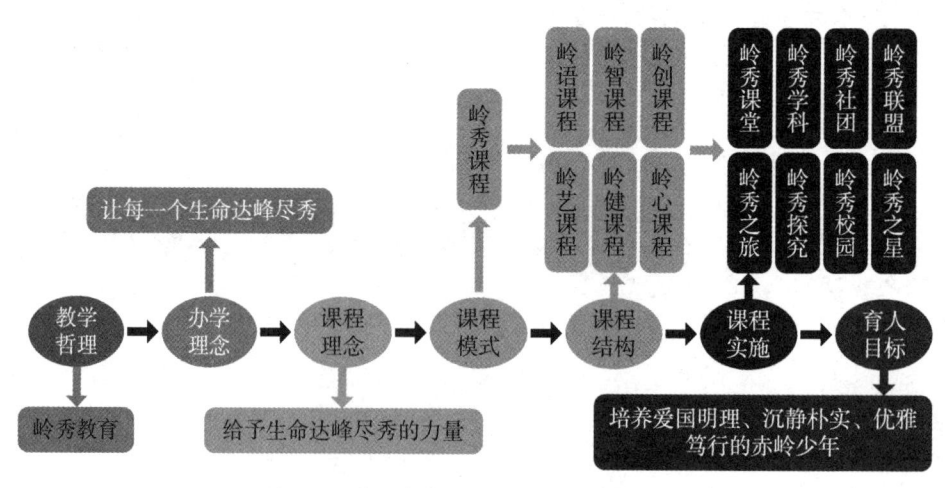

图 5-1　仰天湖赤岭小学"岭秀课程"逻辑图

二、课程结构

根据儿童多元智能以及"赤岭"少年的发展目标,在梳理和架构各个门类课程中,本着"横向连接、纵向贯通"的原则,我们将"岭秀课程"分为以下六个板块:岭语课程、岭智课程、岭创课程、岭艺课程、岭心课程、岭健课程。(见图5-2)

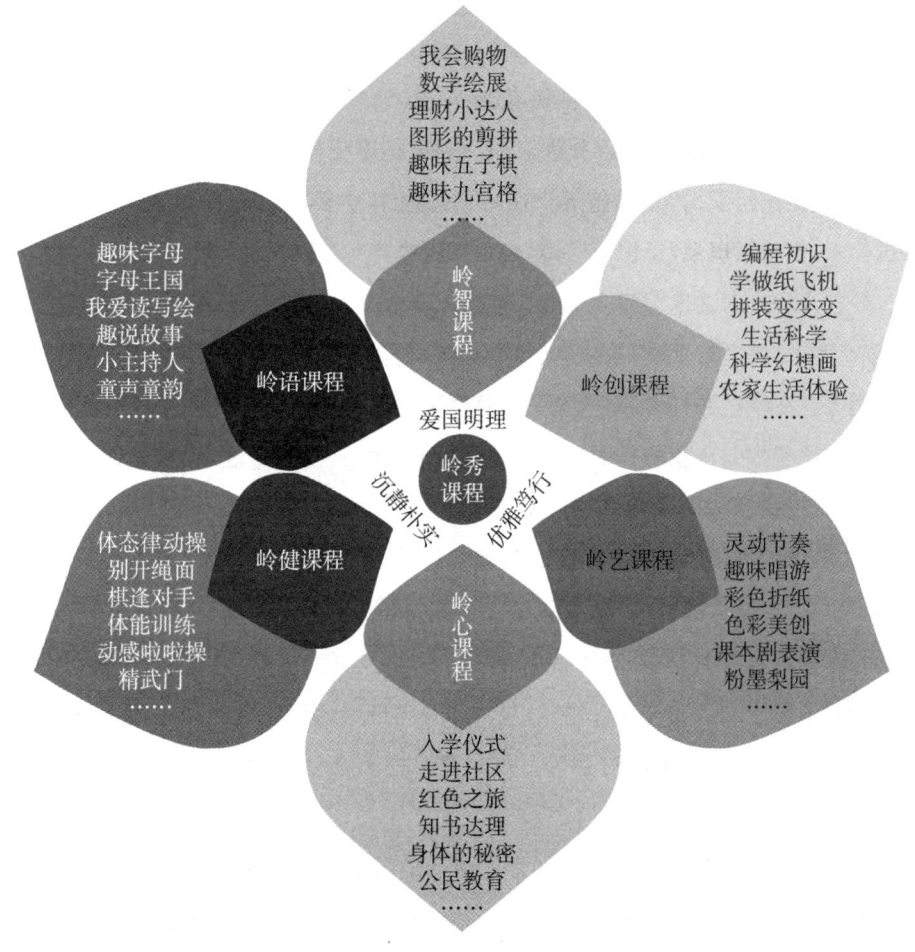

图5-2 仰天湖赤岭小学"岭秀课程"结构图

上述六大类课程板块,分别聚焦于多个领域,具体如下:

岭语课程指向语言与表达领域，包括语文、英语、悦读训练营、演讲与口才、经典演绎、经典流传、赤岭辩论会、赤岭诗词大会、读书我分享、诗歌朗诵会、翻译小馆、英语模范秀等，多渠道挖掘和提升学生言语能力，促使学生敢于表达、乐于表达、自信地表达。

岭智课程指向逻辑与思维领域，包括数学魔方、数独、24点、鲁班锁、消费的学问、生财有道、商业模拟、小小粉刷匠、必胜策略、"柯南"断案、趣味拼搭、神机妙算、图有千千结等。岭智课程以学生活动为载体，以培养学生的逻辑思维能力为目的，真正释放每一个生命体蓬勃的学习活力。

岭创课程指向科学与技术领域，包括科学、信息科技、综合实践活动、劳动、航模设计、3D创客、创客机器人、我爱发明、编程、湖南稻作文化、农家生活体验、学做小茶人、我是小园丁、智慧种植等。在岭创课程学习中，学生动手动脑，思维敏捷，尝试探索，创新意识强，见识更广阔，视角更敏锐。

岭艺课程指向艺术与审美领域，包括音乐、美术、传统剪纸、岭悦陶坊、墨香书韵、创意美术、棋逢对手、管乐演奏、我爱国画、粉墨梨园、课桌舞、课本剧表演、形体与舞蹈等。在岭艺课程学习中，孩子们品位更高了，气质更优雅了，情感更丰富了。

岭心课程指向自我与社会领域，包括道德与法治、生命与健康、仪式课程（入学仪式、入队仪式、毕业仪式）、校园礼仪课程、红色之旅课程、"我10岁了"课程、守规则课程、身体的秘密课程、认识生命、反霸凌行动、走进社区课程、男孩女孩课程、红领巾小主人、正义小法官、校园小助理、心理剧展演、育人心得交流、育人大讲堂等。在岭心课程的学习中，孩子们的品性更端正了，心灵更美好了。

岭健课程指向运动与健康领域，包括体育与健康、智慧跳绳、走近篮球、趣味足球、网球课程、精武门、棋逢对手等。在岭健课程学习中，孩子们身体更加强壮，变得更加阳光健美。

"岭秀课程"体系是对学校全部育人活动的重建，不仅包含学校自主开发的校本课程，也包含国家课程、地方课程，是国家课程校本化、校本课程主题化、兴趣活动课程化的体现。我们围绕学校课程内容和学生能够参与的实践活动，在每个板块课程中架构了多个小科目，这些小科目是根据学生兴趣需求意向，结合可利用的课程资源情况开发建设的。

三、课程设置

为了促进"赤岭"少年的全面发展,凸显学校育人特色,我校严格执行国家颁布的课程设置方案,执行三级课程管理。除了基础课程,我校深度挖掘地区课程资源,与学科知识内容深度融合,密切学生与生活的联系,推进学生对自然、社会和自我之内在联系的整体认识与体验,发展学生的创新能力、实践能力以及良好的个性品质。我校全面系统地规划与设计学校课程,建构"岭秀课程"体系。(见表5-2)

表5-2 仰天湖赤岭小学"岭秀课程"设置表

年级		岭心课程	岭语课程	岭智课程	岭创课程	岭健课程	岭艺课程
一年级	上学期	入学仪式 礼仪教育	趣味字母 字母王国 我爱读写绘	数学绘本 认识金钱 创意拼搭	编程初识 科学幻想画 科学家故事	体态律动操 别开绳面 三防小知识	灵动节奏 趣味唱游
	下学期	入队仪式 知书达理	趣说故事 我爱读写绘 童声童韵	趣味数学 生活小达人 多彩七巧板 设计小能手	编程初识 学做纸飞机 拼装变变变	体态律动操 别开绳面 三防小知识	彩色折纸 色彩美创
二年级	上学期	身体的秘密 公民教育	童心慧语 看图写话 动感童谣	理财小达人 图形的剪拼 趣味五子棋	生活科学 科学幻想画 农家生活 体验	体能训练 动感啦啦操 棋逢对手	课本剧表演 彩色折纸
	下学期	守规则 花心丝语	有趣的动物 看图写话 湘味课堂	趣味九宫格 我会购物 数学绘展	探索自然 拼装变变变 我是妈妈的 小助手	体能训练 动感啦啦操 棋逢对手	戏剧表演 丝网花艺 色彩大玩转
三年级	上学期	校内礼仪 传统文化 教育	小主持人 英语趣配音 诗意达人	数独 打折了 我们身上的 尺子	创意设计 养蚕达人 自己的衣服 自己洗	体能训练 武术操 趣味足球	花鼓戏 趣味创编 街舞秀
	下学期	校外礼仪 传统文化 教育	多彩日记 字中有道理 英语趣配音	寻找捷径 填数游戏 生活数学	膳食营养 园林之美 编程小课堂	体能训练 武术操 趣味足球	花鼓戏 趣味创编 街舞秀

续表

年级		岭心课程	岭语课程	岭智课程	岭创课程	岭健课程	岭艺课程
四年级	上学期	红色之旅	笔下生花 诗词大会 英语戏剧	数学万花筒 奇妙的图形 密铺 优化方案	建筑模型 科普讲堂 智慧种植	体能训练 千字文 走近篮球	黄梅戏 岭悦陶艺 美术动漫
	下学期	我10岁了	笔下生花 古诗词大会 多维阅读 英语戏剧	解密中医 理财有道 美丽变换 鸡兔同笼	智慧种植 编程课程基础篇 网上购物计划	体能训练 千字文 走近篮球	黄梅戏 岭悦陶艺 美术动漫
五年级	上学期	我是社区小卫士	超级演说家 妙笔花开 国学经典 英语戏剧	九宫格 理财计划 小小粉刷匠 必胜策略	我爱发明 变废为宝 书吧管理员 小交警体验	体能训练 精武门 网球课程	课桌舞 街舞表演 歌唱表演
	下学期	走进社区	辩论社 妙笔花开 成语大聚会 英语戏剧	"柯南"断案 "销售"的奥秘 趣味拼搭 巧分遗产	我爱发明 航天模型 综合技能机器人	体能训练 精武门 网球课程	课桌舞 街舞表演 歌唱表演
六年级	上学期	男生女生	妙笔花开 善表达·乐分享 英语手绘	开心计算 小小理财师 数学万花筒 数形结合	科技小发明 红领巾小主人	体能训练 田径课程 精武门	变废为宝 非遗剪纸 沙飘画舞
	下学期	毕业仪式	妙笔花开 走进科学 名著导读 英语手绘	神机妙算 财富体验 图有千千结 抽屉原理	科技小发明 综合技能机器人 消防紧急疏散演练	体能训练 田径课程 精武门	变废为宝 非遗剪纸 沙飘画舞

第四节　秀出生命精彩的向上之径

课程实施规划是有目的、有计划、有步骤地进行的序列化的动态实践过程，是对学校课程愿景和目标与日常实践相结合的行动设计。按照立德树人的要求，从丰富学生学习经历的角度出发，"岭秀课程"主要通过"岭秀课堂""岭秀学科""岭秀社团""岭秀之旅""岭秀探究""岭秀校园""岭秀联盟""岭秀之星"多维途径实施，以焕发每一个生命的活力，让每一个生命在丰富多彩的课程中秀出精彩，实现课程的育人价值。

一、建构"岭秀课堂"，提升教学质量

我校以新课程理念为指引，基于学生多元发展需要，以培育有理想、有本领、有担当的一代新人为目标，整合校内外资源，建构"岭秀课堂"。"岭秀课堂"尊重个体差异，搭建探索的舞台，帮助学生建构学科知识，以有效的提问和问题的实效为载体，让学生在真实情境中思考、发现、探究、解决问题，提高知识的整合和迁移能力，真正让学生成为生活的探索者，让教师成为课堂的生成者，课堂焕发生命活力，最大限度地实现课程的育人价值。

"岭秀课堂"落实天心区"三问导学"研究型学习的价值追求，守以生为本的初心，担立德树人的使命，探索"情境—问题—互动"素养课堂教学模式，实施单元整体教学，倡导自主合作探索的教学方式，驱动学生通过"自学、思考、表达、倾听、提问、讨论、反思"等方式沉浸式体验学习过程，从而实现深度学习。"以人为本"质量观得以落实，"以生为主"教学观得以体现，"以学为本"学习观得以实践，"多元评价"学生观得以践行。

"岭秀课堂"是充实、开放、立体、灵动、多元、个性的课堂。

在目标设计上,"岭秀课堂"是充实的。课堂指向提升学生的核心素养,体现学生的主体地位。

在内容丰富上,"岭秀课堂"是开放的。课堂从学生已有的知识经验出发,遵循认知规律和身心发展特点,获得充分的体验。

在过程推进上,"岭秀课堂"是立体的。学生在问题情境—合作探究—展示交流—反馈评价的课堂中学习,教师发挥主导作用,学生为主体。

在方法选用上,"岭秀课堂"是灵动的。课堂采用启发式教学,充分发掘学生的潜能,灵活选择不同的教学方法。

在评价策略上,"岭秀课堂"是多元的。课堂尊重、信任学生,关注学生的发展,评价具有激励性、过程性、导向性。

在教学文化上,"岭秀课堂"是个性的。课堂面向全体学生,关注每一个学生,因材施教,注重每一个学生的个性生长。

二、建设"岭秀学科",强化学科特色

我们在国家课程基础上,依据课程标准和学科特点,遵循孩子们的身心发展规律,充分发挥学校及周围的资源优势,将学校的课程理念、目标与国家课程教学过程相结合,构建与实施"岭语课程""岭智课程""岭创课程""岭艺课程""岭健课程""岭心课程",强化"岭秀学科"特色,实践"让每一个生命达峰尽秀"这一理念,落实课程的育人目标,实现学科素养的真正落地。

"岭秀学科"以国家课程为主线,基于新时期的培养目标和学校办学理念,着眼于学科视角、教育视角、儿童视角,以学科大课堂与活动小课堂相结合的"大小"联动模式为实施路径,从学科深化、主题拓展、资源整合等多维度,有效落实国家课程的学习,让学生在参与和体验的过程中爱学习、善学习、乐学习。"岭秀学科"既丰富了国家课程,又凸显了学科特色,使课程成为学生全面健康成长的基石。

"岭秀语文"通过阅读、写作和口语表达等多种方式,培养学生的语言文字运用能力,激发他们对文学和文化的热爱。在"岭秀语文"课程中,学生深入理解文本,学习修辞手法和表达技巧,提高阅读理解和写作能力。在"经典诵读""爱阅读·善表达""诗词大会"等活动中,引导学生通过参与课堂讨论和写作活动,培养批判性

思维和表达能力。

"岭秀数学"培养学生的逻辑思维和数学素养。通过基础数学概念、算法和问题解决技巧的学习,帮助学生掌握数学的核心知识。在"趣味数学""生活小达人""数学万花筒"等活动中,鼓励学生通过参与数学游戏、解决实际问题等方式,培养数学应用能力,在数学学习中找到乐趣。

"岭秀英语"培养学生的英语听说读写能力,并鼓励学生跨文化交流。通过基础语法、词汇和发音技巧的学习,帮助学生掌握英语的核心知识。在"展国际视野,讲中国故事""我爱记单词"等活动拓展中,引导学生通过阅读英文原著、听英语歌曲和观看英语电影等方式,培养英语语感和文化意识。

"岭秀音乐"培养学生的音乐素养和创作能力。通过基础乐理知识、演唱技巧和演奏技能的学习,帮助学生掌握音乐的核心知识。在各类文艺汇演和艺术展演活动中,鼓励学生通过参与合唱、乐队和创作歌曲等方式,培养音乐表达能力和审美品位。

"岭秀体育"培养学生的运动技能和健康生活方式。通过基础的田径、球类和体操等运动技能的学习,帮助学生掌握运动的核心知识。将甲骨文操融入团队运动、健身锻炼等方式,传承中华传统文化的同时培养学生的运动兴趣和能力,在"大课间活动""精武门""校园网球赛"等各类活动中,促进学生德智体美劳全面发展,养成健康生活方式,健全人格品质,提高综合素质。

"岭秀美术"培养学生的绘画和其他艺术形式的能力。通过基础的绘画技巧学习、了解艺术历史,提升艺术鉴赏能力,帮助学生掌握美术的核心知识。在美育艺术坊中,鼓励学生通过参与绘画创作、陶艺、剪纸、摄影等方式,培养艺术兴趣和能力,在美术创作中找到乐趣。

"岭秀科学"培养学生的科学素养和实验能力。根据学生的年龄特征、自然认知,关注学生科学探究与日常生活的联系,让学生在项目式学习活动中建构新的认知体系。在科学实践活动中,鼓励学生通过参与科学实验、观察自然现象等方式,培养科学兴趣和能力,在科学探索中获得成长。

"岭秀信息"教授学生信息科技知识并培养他们的计算机技术能力。通过学习和了解基础的计算机编程、网页设计和数字媒体技术等内容,帮助学生掌握信息科技的核心知识。在"中小学信息素养提升实践活动"中,鼓励学生通过参与项目开发、竞赛等方式,激发学习兴趣,掌握基础信息技术能力。

"岭秀道法"引导学生学习道德与法律知识并培养学生的道德观念和法律意识。通过教授基础的道德原则、公民权利和法律规则等内容,帮助学生掌握道德与法律的核心知识。在寒暑假社会实践活动中,鼓励学生通过参与社会实践、公益活动等方式,培养道德观念和社会责任感,在道德与法律的实践中成长。

"岭秀学科"以学生的全面发展为核心目标,通过丰富多样的教学方式和方法激发学生的学习兴趣和能力,为学生的成长和发展奠定坚实的基础。

三、创设"岭秀社团",发展学习兴趣

"岭秀社团"(包括兴趣小组、校队、学习共同体等)是课堂教学的延展和深化,是校园文化建设的重要载体,以具有思想性、艺术性、知识性、趣味性、多样性的社团生活吸引学生积极参与其中,活跃学校的学习氛围,开阔学生的视野,培养学生的兴趣和创造力,锻炼组织和协调能力,丰富学生的课余生活,满足个性化发展需求,激活学生的成长动力。

学校综合教学理念、育人目标、发展特色、学生兴趣、教师专长开设多样化社团课程。课程以学生活动为载体,学生根据喜好和个性原则自主选择社团课程,教师从学生实际和情感出发,灵活设计活动课程。社团创设具有挑战性的情境,学生在活动中巩固并运用知识和方法,自主发现问题并解决问题,进而达到学会学习的目的。

社团的开发从学生的兴趣发展需求出发,明确课程内容。我校社团课程包括管弦、武术、田径、围棋、播音与主持、课本戏曲表演、体态律动游戏、硬笔书法、街舞、美术动漫、非遗剪纸、趣味英语、课桌舞、歌唱表演、创意美术、陶艺、棋逢对手等,其中武术社团、田径社团每周集训五次,管弦社团、歌唱表演社团每周活动两次,其他社团每周活动一次。教师根据个人的自身特点,结合社团的特征和实施的重难点,自愿选择社团担任辅导教师。在社团创立初制定有关的规章制度、活动内容、活动方式、社团活动设计方案、评价量化表等,每次社团活动提前选定主题活动内容、具体时间,撰写活动反思,扎实开展活动。学期末进行阶段性的交流和展示。学生在社团主题活动的过程中自我能力得到提升。

四、推行"岭秀之旅",落实研学旅行

"岭秀之旅"将研究与学习相结合,创造一个自然中行走的课堂,让学生的学习从小课堂延伸至大社会,从小课本拓展至大自然。学生在科学研究、实践学习、社群体验的过程中,丰富精神品质,感受优秀文化,树立远大理想,从而提高综合实践能力。

学生走出校园,贴近大自然,在活动中体验,在体验中受到教育,在教育中获得成长。四季研学赏美景,人文风貌厚底蕴,田园劳动增体验,科研活动拓视野,拓展训练强能力,在多种多样的研学活动中,学生文化素养得以提升,生活感悟得以深化,成长体验得以丰富。

学生好奇心强,有强烈的探索欲望,万物待他们去观察发现。每年春季、秋季,学生走进植物园、动物园、生态园、蝴蝶谷、岳麓山、橘子洲、爱晚亭、洋湖湿地等,亲近自然,感受发现自然之美。

长沙历史文化底蕴深厚。依托地域优势和文化特色,学生走进省博物院、市博物馆、省美术馆、马王堆、铜官窑、东方神画、世界之窗、雷锋实践基地等地,感受文化、陶冶情操、增长见识。

性格品质的培养是小学阶段重要培养内容,学生走进职业体验基地、军训基地等,进行一系列素质拓展和体能训练,增强体质,磨炼意志。

五、创意"岭秀探究",做好项目学习

"岭秀探究"基于学校育人目标、"AI+五育"项目式教研坊建设、学生的兴趣爱好、教师的专业特色,整合课程资源。教师以问题为导向,创设研究的情境,指导学生发现、提出、解决问题,倡导学生主动参与。学生的创作愿望得以激发,实践能力得以锻炼,创新精神得到培养,综合素质得到提升。在探究式项目学习中,学生得到持续性成长。

"岭秀探究"以学科为载体,聚焦核心概念和能力。教师引导学生关注身边的事,鼓励学生从身边事物入手探究,在合作中培养学生实践能力、协作能力和人际

交往能力。学生自主选择探究主题,通过动手做、做中学,主动地发现问题,开展实验、操作、调查、收集与处理信息、表达与交流等探索活动,获得知识,培养能力,发展情感与态度,特别是发展探索精神与创新能力。

学校假期组织教师开展理论和案例学习,每学期定期组织研讨和交流,提高教师教学水平。以高年级学生为主,每个年级在教师指导下自主设计活动案例,开展合作学习,在探究中完成学习任务,提高学生自主学习、分析和解决问题的能力。

"岭秀探究"以自评、互评、师评的方式,从参与热情、合作情况、搜集数据、交流沟通、实践作品、成果展示等多维度开展多元全面评价。(见表5-3)

表5-3 仰天湖赤岭小学"岭秀探究"评价标准

评价内容	评价指标			评价方式		
	合格(☆)	良好(☆☆)	优秀(☆☆☆)	自评	互评	师评
参与热情	少有举手发言,较少参与讨论与交流。	能举手发言,有参与讨论与交流。	积极举手发言,积极参与讨论与交流。			
合作情况	参与讨论、工作,并对最终成果进行评价,对评价过程只是旁观。	帮助协调,推动整个小组的工作,鼓励其他成员。工作至最后一刻,对最终成果有一定的贡献。	团结合作,在小组中起领导作用,吸收接纳并能给出建议,并帮助其他小组成员,贡献大。			
搜集数据	学会搜集资料。	能够根据调查计划,在学校环境中开展调查,搜集一定的调查数据,得出初步调查结果。	尝试在开放的社会环境中针对感兴趣的社会现象进行调查;能够对调查数据进行多层次整理和分析。			
交流沟通	在同伴的帮助下,能够与人沟通,参与调查获得有效信息,愿意记录调查内容。	在调查中能与别人沟通,获得大量信息,主动记录调查内容。	在调查中善于与别人沟通,能获得大量信息,且信息内容全面,有记录有报告。能反思活动中的不足,不断调整研究方向。			

续表

评价内容	评价指标			评价方式		
	合格(☆)	良好(☆☆)	优秀(☆☆☆)	自评	互评	师评
实践作品	能利用图文结合形式描述研究过程和结果。	能够利用图文结合的形式清晰而准确地表达自己的想法。	以多种形式清晰而准确地表达自己的想法。			
成果展示	倾听他人的意见。	能倾听他人的想法，并从中找到可以汲取的部分。	借助询问、重复他人的谈话等技巧来理解他人的意见。			

六、激活"岭秀校园"，开发隐性课程

资深教育家顾明远指出："学校要办出特色。何谓特色，顾名思义，是指不同于一般，不是平平常常，而是要有所创新，具有个性，而且这种个性能够形成传统，代代相传。"校园文化是学校发展的灵魂，是凝聚人心、展示学校形象、提高学校文明程度的重要体现。校园文化对学生的人生观、价值观产生着潜移默化的深远影响。健康、向上、丰富的校园文化对学生的品性形成具有渗透性、持久性和选择性，对于提高人文道德素养、拓宽视野具有深远意义。学校结合具体情况，发挥优势特长，弘扬传统文化，立足于让每一个学生达峰尽秀的教育理念，廊、墙、壁、角、柜等处处彰显岭秀精神，建设"岭秀校园"的文化特色，充分发掘育人空间和育人价值。

校园文化立体展现学校形象和教育理念，渗透学生人文道德素养教育，体现达峰尽秀、永不止步、面向未来的精神追求。校园空间建设力求将无形的精神文化隐含于有形的物质文化之中，隐含于一草一木、一图一字之中，让教育无时不在、无处不在，让学生抬头有所见，俯身有所得，在潜移默化中得到文化熏陶和润泽。参与建设的过程就是受到教育、浸染文化的过程。学校鼓励教职工和孩子们都成为校园环境的建设者和维护者，戏曲头饰、"看戏啦"戏台、清廉诗词、创意作品、各民族介绍展板、文明之星等，全体师生用智慧创造着"独具匠心"的校园文化。

1. 校园景观有特色。学校目前有两栋教学楼，校园建筑讲求整体规划、合理布局。建筑以暖色调为主，打造温馨学校的理念。戏曲舞台与墙面融合，生旦净末

丑,各个登场展风姿;武术墙诉说武术之魂,展现学校"赤家军"的卓越风采。花坛的特色布局、精选的校园雕塑……学校空间建设正以可视、可闻、可感的形式,浸润着师生的心灵,推动着学校向更高更远的目标迈进。

2. 廊道空间有功能。我校重视廊道空间建设,基于学校武术和戏曲特色文化,利用楼梯道口墙面、教学楼通道间墙面,设立多处文化板块,努力创设赏心悦目、充满智趣的校园育人环境。艺术长廊展示的作品多样:精美的戏曲头饰,多彩的戏曲知识介绍,师生共同创作的优秀作品。内容丰富,精美别致。学生每天在这里耳濡目染,受到美的教育,得到艺术的熏陶。每个楼层的走廊内有智能图书借阅机,孩子们随时可以坐下来刷卡潜心阅读。文明礼仪标志彰显学校对学生素养教育的重视,多民族展板介绍展现学校包容兼并的教育理念,营造着良好的育人氛围。

3. 教室文化有想法。教室是学校教育的主阵地,是学生学习和成长的乐土,班级文化建设有着巨大的教育潜力。教室里除了统一的国旗、校训、黑板报,各班打造各自的风格。鲜明的班级名称,响亮的班级口号,亮眼的荣誉墙,多样化的展示栏。每个班发动学生,奇思妙想自主设计。

七、做实"岭秀联盟",落实家校共育

"岭秀联盟"有效整合学校教育和家庭教育的力量,促进学校、家庭、社会共同进步。家长深入了解我校开展的学生工作,理解和配合未来学校的发展,并借助学校课程资源,获取优秀的家庭教育方法,加强对家庭教育认识的深度;学校更好地开发优势教育资源,高效推进各项工作,树立高质量的品牌教育;学校家庭的携手联动让社会更加和谐有序。家庭、学校、社会形成育人合力,进一步落实立德树人的根本任务。"岭秀联盟"家校共育课程避免家长只有身份上的加入,培养家长参与学校教育的科学性,达成家校教育的一致性,成为服务学生成长的课程资源,让每个生命都达峰尽秀。

健全组织机构,落实制度保障;推选各级家委,完善人员管理;多向多方沟通,密切合作交流;打造家长课堂,丰富学生体验;推出精品课例,校内资源共享;联动社区机构,提供优质资源。

学校每学期至少一次开展线下家长学校培训,每月至少一次开展线上家长学

校培训,多次召开校级家委会成员讨论会等。家长和学校彼此之间有效、和谐交流,促进二者在观念和行动上的一致性,共同影响孩子人格的发展。

八、评选"岭秀之星",发展个性特长

学校规范完善"岭秀之星"的评价细则,从语言与表达、逻辑与思维、科学与探索、艺术与审美、运动与健康、自我与社会六个方面对学生进行多元化评价,以智慧校园平台为载体实现线上评价。教师在平台建立班级,家长自主加入,教师通过点赞加分或者批评扣分的形式实时向家长反馈学生的表现。同时,一张二维码贴纸将学生、老师、家长连成一体。教师根据学生一天的校园生活、上课情况、作业质量等表现授予学生徽章,家长扫码录入,通过系统反馈孩子一段时间的学习情况和生活情况,关注动态变化。

"岭秀之星"的评选结合日常表现和活动表现,坚持公开、公平、公正的原则,以班级为单位,采取学生、同学、老师评价相结合的方法,在每年的儿童节、元旦和每学期期末进行评选,尊重学生个性发展。

综上所述,学校秉承"五育并举,让人人都有出彩的机会"的办学宗旨,围绕"给予生命达峰尽秀的力量"的课程理念,把学生的社会生活体验同课程学习结合起来,把知识与生活、学习、活动有机结合起来,将课程实施数字化运用到学校课程管理全过程,提高教育管理效能和教育决策科学化水平,助推学校高质量发展,培养德智体美劳全面发展的社会主义建设者和接班人。学校以实际行动开展一场"给予生命达峰尽秀的力量"的旅程,使每一个在仰天湖赤岭小学求学的孩童,在全面体验和亲身参与中,达峰尽秀,永不止步,自信成长。

第六章
课程治理的协同性

学校课程治理的协同性要求多元主体参与,协调家庭、学校和社会,整合社会多方力量,有效统筹,使之平等参与学校课程开发、实施、评价等多环节,以学校教育为主体、以学生为中心实施多边合作的学校课程,进行多元与统一相协调的学校课程评价。

学校课程治理是由多元主体为达成提升学校课程育人水平、建设高质量课程体系,进而促进学生核心素养发展和生命成长的教育目的,平等参与学校课程决策并参加学校课程开发、实施、评价等多环节的课程管控模式。① 学校课程治理主体应包括校长、教师、家长及其他社会性主体等。正因为主体多元化,所以在课程治理中我们要遵循多元与统一相协调的原则,始终以促进学生核心素养发展为合作共识,发挥各相关主体的特长,让学校课程真正促进学生成长。

一是目标共识。课程治理旨在为不同课程利益主体的广泛参与提供机会、建立机制,但广泛参与本身并不是课程治理的目的。大家共享课程目标,提高课程水平和课程实施质量,实现课程育人价值才是课程治理的终极目的。为此,统筹课程发展过程的课程目标,提升课程主体间在课程目标上的共识程度,在课程治理过程中就有着极其重要的作用与意义。② 为了更好地达成学校的课程目标,从而齐心协力地让课程落地,进而实现学校的育人目标"做温润美好的人",在课程治理的过程中,学校充分遵循课程治理的协同性原则,以课程目标作为不同利益主体之间的共识来构建集体行动,最大限度地调动多方力量和资源,共同合作,互相探讨,真正促进课程目标落地。在课程实施与发展的不同阶段,学校都会在充分尊重每一个不同利益主体的同时统筹引导大家在各阶段形成目标的一致性,尊重教师的教学理念,考虑学生的学情,从学校实际情况出发,让目标共识引领大家在行动上能够达成一致并落地实行。

二是协同参与。"课程是学校育人的载体,学校拥有一定课程开发自主权和课程开发能力,厘清学校课程建设主体的权责关系,构建多元主体参与的课程治理体系,是实现现代学校教育治理的必要举措。"因此,建设多元课程利益主体参与的学校课程治理体系,统整不同课程利益主体的专业知识与专业资源,调和不同课程利

---

① 罗生全,吴志敏."双减"背景下学校课程治理的内容体系及优化机制[J].现代教育管理,2023(2):71—81.
② 刘晓昶.构建多元主体参与的课程治理体系[J].中国教育学刊,2019(5):103—104.

益主体相互冲突或者相异的教育诉求,才可能使得具备权威性的课程目标得到高效率和高品质的实施,这也是学校课程治理力求实现的目标。① 为了更好地调动多元主体参与到学校的课程中来,在校长的引领下,结合学校实际,校长、课程负责人、教师、家长、学生、社会共同参与,形成多元协同的学校课程建设队伍。由于不同利益主体的专业主张和利益诉求不同,为了更好地促进学生成长,学校多次召开集体商议会议,邀请专家、学校课程骨干成员、家长代表、社会专业人士等进行平等对话,就课程的实施与落地出谋划策,充分表达。学校还创设了多种方式和渠道,丰富与拓宽不同主体参与学校课程治理,构建家校社协同育人的良好氛围。

三是学习共进。学校育人水平的提升离不开多元主体的共同促进,但还是要以学校教育为主,以教师教育为主导。因此在多元主体协同共治的理念下,为了更好地实现我们的课程目标,必须促进各主体之间的有效学习。教师是课程实施的关键,在结构化、跨学科、综合化的课程改革背景下,应结合各科任课教师的不同视角以及不同教师对课程的不同理解,促进教师间的优势互补,提高自身课程实施水平的同时,形成凝聚力,提升学校课程育人水平。②

综上所述,学校课程治理是多元主体民主对话和协商,只有明确各主体的责任和义务,积极促进各主体有效参与学校课程建设,形成合力,达成共识,才能更好地共建学校课程,实现课程治理的高效。

---

① 周彬.学校课程治理:内涵、路径与保障[J].全球教育展望,2021,50(2):3—13.
② 罗生全.学校课程治理的现代化要略及其实现[J].湖南师范大学教育科学学报,2023,22(1):8—10.

"润童年课程":为儿童定制有趣的成长路径

天心区仰天湖新路小学始建于1947年,地处长株潭一体化融城核心地段,是位于省市政府重点打造的战略区域的一所学校。2018年8月,重建后的新校正式落成并投入使用。学校践行"丰润生命,成就美好"的办学理念,不断追求教育的美好境界。学校树立打造融城核心教育新名片的思想,以打造教学环境优美化、学校管理科学化、师资团队专业化、教学质量品牌化的品质校园为办学目标;以劳动教育为特色,以课程建设为抓手,潜心落地谋发展,努力构建孩子心中的乐学校园、家长眼中的品质校园。学校推进课程建设,取得了可喜的成效。

第一节　让每一个生命丰润美好

仰天湖新路小学以基础教育为抓手,响应国家号召发展劳动特色教育,让新路小学成为学生最喜欢的乐园。

一、教育哲学:"丰润教育"

仰天湖新路小学以"丰润生命,成就美好"为办学理念。基于这一办学理念,我们以"丰润教育"作为我校教育哲学。"丰"即丰富,教育要丰富每一个儿童的生命;"润"即浸润,就是要以德育人、以文化人。"丰润"有丰富、丰盈、润泽、滋润、浸润之意,是"随风潜入夜、润物细无声"的春风化雨、润物无声、自然而然、了无痕迹的教育;是以人性的方式,给生命提供最适合的土壤,给予水分、阳光,让每一个生命在温润、宽松、和谐、自己喜欢的环境中快乐成长,不断丰盈自己,最终长成自己喜欢的样子。"丰润教育"就是要丰富每一个儿童的生命,促进他们德智体美劳全面发展,这是我校的教育价值观和内涵发展方法论,具有深刻的内涵。

1. "丰润教育"是心灵教育。教育最重要的价值在心灵,心灵是教育的起源,也是教育的归属。注重心性修养、以德润身,倡导仁爱、教化,让学生在耳濡目染、润物无声、潜移默化的"浸润"过程中,顺应儿童发展的特点与心理需求,基于人、为了人、发展人。儿童的心灵成长需要爱的滋润,需要尊重、关怀;儿童的认知发展需要主体参与、深切体悟。只有在"丰润"的环境中,儿童才能获得心智的渐进完善和人格的不断完整,从而促进学生德智体美劳"五育"并举。

2. "丰润教育"是丰富教育。有力量的教育往往具有丰富性,丰富的教育才有力量。丰富学生的知识、丰富学生的经历、丰富学生的眼界、丰富学生的才艺,让校园每一个角落都散发教育的声音,每一次活动都传递教育的价值;丰润教育的力量在于其持久性,在于熏陶感染,在于潜移默化,在于春风化雨,在于让每一个生命都精彩,每一个生命会得到关注,每一个生命会得到滋润,每一个生命会得以成长。

3. "丰润教育"是立体教育。教育不是纸面的游戏,而是生命的在场。丰润教育是有长度、有宽度、有温度的立体教育;是社会、家庭、学校三位一体的教育,是点的寻找、线的勾勒、面的铺设、体的架构,以基础学科、活动课程、综合实践、劳动特色教育等为基点,再用教师的巧手描绘出仰天湖新路小学不同的面,从而建立起一个完整的立体教育,让学生在这个立体的支架里健康快乐地成长。

4. "丰润教育"是求真教育。陶行知先生认为,读书求学、教书育人的第一要务就是求真。他以"千教万教,教人求真;千学万学,学做真人"来自勉。"求真"就是探求真知,学做真人。"丰润教育"崇尚回归自然本真的教育,追求真心、真情、真理,着眼少年儿童天真自然的本性,以质朴、真诚的教育态度,追求没有功利的教育、平等的教育。

5. "丰润教育"是向善教育。向善的教育有利于鼓励每一个孩子的成长。"善"自古以来就是中华民族的传统美德和美好向往,人们对善的渴求和探索从未停止。"丰润教育"强调关注人、关心人、尊重人、熏陶人、发展人,在学校环境、班级环境中影响学生的行为和心灵,为学生提供展示自己的舞台。"丰润教育"重视校园文化建设,营造和谐、民主、向上的良好氛围,努力做好各项教育宣传工作,使学校成为充满文化、充满人文情感的精神家园。《礼记·大学》开篇指出"大学之道,在明明德,在亲民,在止于至善",阐明了教育的本质规律就是向善而行。"丰润教育"在潜移默化中润泽学生的心灵,引导学生向善前行,落实立德树人的根本任务。

总之,"丰润教育"之"丰",是丰富学生在小学阶段的知识与见闻,丰富学生的眼界与想象,丰富学生的才艺与技能,让学生求知、求真;"丰润教育"之"润",是润泽学生的品行,润泽学生的心灵,强调关爱、细节、渗透、熏陶,注重为师生搭建发展平台助其可持续成长,使学校得到发展,惠及学生、家庭和社区的向善向美教育。"丰润教育"表达出我们"新路"人教育的理想与追求:体验轻松活泼的教育,享受校园劳动文化的浸润,享受校园园林建设的诗意,让学生自主向上发展,为祖国培养有理想、有本领、有担当的社会主义建设者和接班人,坚持全面发展,面向全体学生,聚焦核心素养,加强课程综合,变革育人方式,站好基础教育的第一班岗。基于"丰润教育"哲学,我校确立了办学理念:丰润生命,成就美好。正如我们办学宗旨倡导的那样,让每一个生命丰润美好!

> 我们坚信,
> 教育是心灵的浸润;
> 我们坚信,
> 学校是成就儿童美好未来的港湾;
> 我们坚信,
> 最美的教师是用润物细无声的方式滋养孩子;
> 我们坚信,
> 每一个孩子都是至真至善至美的种子;
> 我们坚信,
> 让每一个生命丰润美好是教育的神圣使命!

我们透过"丰润"精神,向孩子们传递一种慢的教育态度、"热"的教育情感,展现新路小学"丰润生命,成就美好"的教育情怀。"丰润教育"用立体的方式,去丰富孩子的心灵,引导儿童求真向善,引导儿童朝着未来的方向自信慢慢地出发,让真善美以"丰"的手段、"润"的方式在儿童的心中生根发芽,从而成长为参天大树!

二、课程理念

基于对上述办学理念的理解,我们确定了这样的课程理念:为儿童定制有趣的成长路径。这一课程理念有深刻的内涵。

——课程即儿童立场。课程以人为中心,是师生生命成长的历程。课程的设计,要来源于学生的生活实际需求,课程要为学生服务。要尽量站在学生的角度,体验儿童的内心世界,满足儿童的兴趣和成长需要,同时引导儿童,促进学生的发展。因此,课程要基于儿童、引导儿童、发展儿童,要尊重儿童、理解儿童和滋养儿童。

——课程即丰富经历。课程的丰富决定着生命的丰富,课程的卓越决定着生命的卓越。经历就是财富,真正的课程在于丰富学生的经历,累积学生实际经历与感受,学生在亲身参与实践中丰富自己的人生阅历。课程即丰富经历,是学习的机会和过程;课程即生活,课程的样态决定着学生生活的样态。

——课程即生命场域。课程是朝气蓬勃、活泼可爱的生命状态。每个孩子都可以在课程的指引下找到属于自己的生命潜能,每个孩子都可以在课程的体验中,找到适合自己的学习模式,在知识的海洋里遨游,感受学习的乐趣,丈量生命的广度。

——课程即个性张扬。每个孩子都是一粒神奇的种子,是至真至善至美的种子。我们要为每一个学生提供适合他们的土壤、水分和光照。每一个学生都是独特的、唯一的,不同的学生有不同的成长需求。课程是带给儿童幸福的礼物,给孩子创造丰富的可供选择的机会,为每一个学生提供适切的课程,帮助每一个学生发现自己,找到自己生命蓬勃的方式。

总之,我们倡导"丰润教育",追求教育的丰盈、丰润、润泽,坚守"为儿童定制有趣的成长路径"的课程理念,以"润童年课程"为学校课程模式,精心设计学校的课程内容、多样课程形式,开展有意义的实践活动,让课程成为学生多样生活的基石。

第二节　做温润美好的人

学校课程是有目标的。确立育人目标,厘定课程目标,是学校课程设计的逻辑起点。

一、育人目标

学校在落实国家培养目标的要求下,确立以"做温润美好的人"为我校的育人目标。做一个温润美好的人:温暖和润、积极阳光、润物无声、谦逊有礼,以文化人。《义务教育课程方案(2022年版)》指出,我们的课程要强化育人导向,培养学生正确的价值观、必备品德和关键能力,培育一代代有理想、有本领、有担当的时代新人。在此,我们认为温润美好的人就是要做一个有文化的人,根植于内心的修养、无需提醒的自觉和为别人着想的善良;热爱祖国,认识、学习中华文化的丰厚博大,继承与弘扬中华优秀传统文化、革命文化并建立文化自信;懂礼貌、懂感恩、乐助人。温润美好的人还是一个有责任、能担当、有追求的人。自己的事情自己做,责任心强,遇事不推诿、不畏难,善于思考、善于学习、自己想办法解决问题。具体如下:

——爱家国,懂感恩。爱祖国、爱家人,热爱与弘扬中华优秀传统文化;关心社会生活,与人交往有礼貌、懂感恩。

——爱学习,会探索。爱学习、善学习、乐思考、勤探究,掌握学习的基本方法,创新解决生活中的问题。

——爱生活,有情趣。热爱生活、积极观察、感知生活,融入生活、享受生活,学会在生活中发现美、创造美、享受美。

二、课程目标

对照义务教育课程方案和课程标准,结合学校实际,根据学生的年龄和年级要求,我们将育人目标进一步细化如下(见表6-1)。

表6-1 仰天湖新路小学育人目标细化表

	爱家国,懂感恩	爱学习,会探索	爱生活,有情趣
一年级	1. 知道自己是中国人,热爱中国共产党,积极加入中国少年先锋队。 2. 爱惜公共财物。 3. 懂礼貌,有礼节,能主动向师长问好。 4. 爱国旗,会唱国歌,珍惜爱护红领巾。	1. 乐于学习,逐渐培养专注力,学习倾听,并能够表达自己的感受。 2. 感知学习与生活的联系,对周围事物有强烈的好奇心,积极主动探索。	1. 爱劳动,知道财富是由劳动创造的,积极参与学校和班集体活动。 2. 知道健康的生活、卫生习惯等基本常识。
二年级	1. 了解优秀中国共产党员和少先队员的故事,初步懂得幸福生活是革命前辈浴血奋战、艰苦奋斗换来的,在特定节日表达对革命先烈的崇敬之情。 2. 能够体谅父母和老师的辛劳,对父母和老师表达感激之情。	1. 拥有自己的兴趣,并愿意花时间专注地去研究。 2. 遇到问题能够想办法解决。	1. 有自己的兴趣爱好,从中体会到快乐和坚持。 2. 能够欣赏生活中的美,包括自然美、建筑美、艺术美等,从中体会到快乐。 3. 有良好健康的生活习惯,爱运动,爱卫生。
三年级	1. 阅读并讲述中国共产党的故事、爱国故事,感受幸福生活来之不易,树立报效祖国的远大理想。 2. 了解革命英雄人物的故事,体会"没有共产党就没有新中国"。 3. 从身边的小事做起,帮父母做力所能及的事情;主动承担班级事务,为老师分忧。	1. 初步了解社会和自然常识。 2. 制定学习计划,并且按计划执行。 3. 有创新精神。	1. 对艺术、体育产生兴趣,并且积极地接触、学习。 2. 有稳定的心态,积极乐观地面对生活。 3. 用劳动改造物品和房间,让生活充满新意。

续表

	爱家国，懂感恩	爱学习，会探索	爱生活，有情趣
四年级	1. 参观历史遗迹和革命纪念馆，阅读历史绘本故事，知道中华优秀传统文化的主要代表性成果，初步感受中华优秀传统文化的魅力。萌发民族自豪感，树立文化自信。 2. 从身边的小事做起，帮父母做力所能及的事情。	1. 在日常学习和生活中，主动记录、整理、交流自己发现的问题和思考，运用辨析、质疑、提问等方法尝试解决问题。 2. 热爱阅读，学习做笔记、做批注等阅读方法，形成良好的学习习惯。	1. 善于发现生活中的美好，并及时记录下来，陶冶自己的情操。 2. 发现并培养自己一技之长。 3. 逐步培养广泛的兴趣爱好，开拓视野。
五年级	1. 理解、认同、拥护国家的政治制度，了解中国优秀文化。 2. 了解家乡的变化，了解党的优秀革命传统，初步形成规则意识和民主法治观念。 3. 积极参与社会志愿服务，帮助需要帮助的人。	1. 熟练掌握基本的实验原理和实验操作，对科学技术及科学创新有浓厚兴趣。 2. 热爱阅读，了解图书分类及检索的基本方法，熟练掌握上网技术，能够通过阅读和网络了解想知道的知识。	1. 敢于、乐于在各种场合展示自己。 2. 体验生活的不同感受，培养健康的娱乐方式。
六年级	1. 树立报国之志，能够把自己的未来规划与祖国的前途命运结合到一起。 2. 内化社会道德规范和文明礼仪。 3. 积极参与社会志愿服务，帮助需要帮助的人。	1. 通过对科技史和科学家的了解，培养科学精神。 2. 树立终身学习的意识。 3. 影响、带动周围的人（家人）一起学习。	1. 留心观察生活，热爱生活，做生活的有心人。 2. 培养正确的人生观、世界观，懂得一分耕耘、一分收获的道理，学会努力付出。 3. 做一个情绪稳定的人，学会接纳自己。

第三节　丰富儿童的学习经历

为了实现上述课程目标,学校建立了"润童年课程"体系,以实现学校的育人目标。

一、课程结构

根据多元智能理论,我们将课程结构分为丰润之语课程(语言与表达)、丰润之智课程(逻辑与思维)、丰润之创课程(科学与探索)、丰润之艺课程(艺术与审美)、丰润之健课程(运动与健康)、丰润之心课程(自我与社会),丰富儿童的学习经历。(见图6-1)

图6-1　仰天湖新路小学"润童年课程"体系图

二、课程设置

根据"润童年课程"体系,我们将课程设置如下(见表6-2)。

表6-2 仰天湖新路小学"润童年课程"设置表

年级		丰润之语	丰润之智	丰润之创	丰润之艺	丰润之健	丰润之心
一年级	上学期	1. 拼音王国我来闯 2. 四季特点我知道 3. 想象大王就是我 4. 我是观察小能手	1. 数学绘本我会读 2. 数学小棒数一数 3. 立体图形小建筑 4. 数字宝宝知多少 5. 自我整理小达人	1. 在观察中比较 2. 用相同的物体来测量 3. 做一个测量纸带	1. 歌词串烧我能行 2. 音乐律动我最棒 3. 音乐知识知多少 4. 民族音乐我在行 5. 图形对应我在行 6. 小小生活绘画家	1. 转转短绳 2. 走、跑与游戏 3. 坐立行我最美	1. 开开心心上小学 2. 校园生活真快乐 3. 家中安全与健康
	下学期	1. 春天我来找 2. 小小字典用处大 3. 我的心愿有哪些 4. 良好习惯我养成	1. 数学绘本我会读 2. 七巧板设计师 3. 归类整理小达人 4. 规律填数大闯关 5. 数学购物小超市	1. 给物体分类 2. 给动物建个家 3. 给动物分类	1. 音乐知识知多少 2. 小小编创我在行 3. 音乐节奏我会打 4. 音阶游戏闯关王 5. 折叠揉搓我最棒 6. 定格动画我了解	1. 欢乐短绳 2. 跑、跳跃与游戏 3. 队列和体操队形	1. 好习惯养成计划 2. 亲近自然妙趣多 3. 我是家务小能手 4. 分享合作我最行

续表

年级		丰润之语	丰润之智	丰润之创	丰润之艺	丰润之健	丰润之心
二年级	上学期	1. 我来探索大自然 2. 我会部首查字法 3. 我是小导游 4. 革命先辈我来说	1. 数学绘本我会说 2. 数学游戏我会玩 3. 趣味钟面小创作 4. 数学比拼写数学	1. 太阳的位置和方向 2. 各种各样的天气 3. 神奇的纸 4. 做一顶帽子	1. 音乐节奏我会打 2. 音乐游戏我会玩 3. 小小编创我在行 4. 音乐知识小行家 5. 传统工艺来体验 6. 我是非遗小传人	1. 花样短绳 2. 小篮球游戏 3. 阳光运动身体好	1. 传统节日我知道 2. 我是班级小管家 3. 公共场所守秩序 4. 我爱家乡山和水
	下学期	1. 我是春天朗读者 2. 传统文化我知道 3. 展开想象编故事 4. 世界之初的奥秘	1. 数学绘本我会说 2. 数学游戏我会玩 3. 口算闯关我能行	1. 磁极与方向 2. 做一个指南针 3. 通过感官来发现 4. 身体的时间胶囊	1. 音符宝宝我会做 2. 音乐节奏我会打 3. 音阶游戏闯关王 4. 水墨游戏我会玩 5. 废物利用小达人	1. 速度短绳 2. 小足球游戏 3. 健康饮食益处多	1. 勇敢尝试"第一次" 2. 健康游戏大比拼 3. 我是环保小卫士
三年级	上学期	1. 新鲜词语我会用 2. 美读细察笔记录 3. 童话王国我们闯 4. 缤纷世界一起绘 5. 自然拼读 6. 英语故事	1. 数学日记我会写 2. 24点计算达人 3. "加减乘除"故事多	1. 加快溶解 2. 我们来做热气球 3. 风的成因 4. 测量降水量	1. 剪贴捏塑我最行 2. 创意表达我在行	1. 竞速短绳 2. 体重健康 3. 掷轻物	1. 快乐学习快乐成长 2. 我与老师做朋友 3. 我有一个温暖的家

续表

年级		丰润之语	丰润之智	丰润之创	丰润之艺	丰润之健	丰润之心
	下学期	1. 多彩春天任我游 2. 寓言故事我来编 3. 留心观察我能行 4. 奇思妙想异世界 5. 自然拼读 6. 英语故事	1. 数学日记我会写 2. 24点计算达人 3. 3阶幻方我能解 4. 竖式笔算大派对 5. 搭配组合我能行	1. 我们的过山车 2. 蚕长大了 3. 影子的秘密 4. 月相变化的规律	1. 传统美术我知道 2. 艺术摄影小达人	1. 双人短绳 2. 运动前后饮食卫生 3. 单个技巧 4. 小篮球	1. 我和我的小伙伴 2. 请到我的家乡来 3. 我会守规则 4. 慧眼看交通
四年级	上学期	1. 感受自然之美 2. 展开想象的翅膀 3. 神话故事我来说 4. 彩笔绘生活 5. 自然拼读 6. 英语故事	1. 数学故事我会说 2. 速算巧算我能行 3. 数阵闯关小能手 4. 乘除笔算竖式谜 5. 鸡兔同笼小策略	1. 声音是怎样传播的 2. 制作我的小乐器 3. 用橡皮筋驱动小车 4. 设计制作小车	1. 音乐故事我会讲 2. 音乐表演我能行 3. 音乐游戏我会玩 4. 节奏创编我会写 5. 生活小小设计师 6. 手绘草图我在行	1. 耐力短绳 2. 小足球 3. 用眼卫生 4. 韵律活动与舞蹈	1. 我们的班规我们订 2. 我做家乡的志愿者 3. 变废为宝有妙招
	下学期	1. 转述事情要说清 2. 我也能说大新闻 3. 美丽的乡村生活 4. 诗歌创编真有趣 5. 自然拼读 6. 英语故事	1. 数学故事知多少 2. 生活数学小研究 3. 速算巧算小能手 4. 多阶幻方巧解答 5. 思维导图我会画 6. 生活数学谈优化	1. 种植凤仙花 2. 种子的传播 3. 模拟安装照明电路 制作岩石和矿物标本	1. 音乐故事知多少 2. 音乐欣赏我会听 3. 音乐歌曲我会唱 4. 打击乐器制作 5. 陶艺小小艺术家 6. 编制技术我在行	1. 竞赛短绳 2. 呼吸道传染病的预防 3. 体操技巧组合 4. 武术操	1. 我是聪明的消费者 2. 我和我的家乡

续表

年级		丰润之语	丰润之智	丰润之创	丰润之艺	丰润之健	丰润之心
五年级	上学期	1. 万物言情我最行 2. 阅读领悟小能手 3. 民间故事大比拼 4. 爱国情愫由心生 5. 无私亲情我来述 6. "黄金屋"我来寻 7. 自然拼读 8. 英语故事	1. 思维导图我会画 2. 生活数学小研究 3. 速算巧算小能手 4. 小数乘除大比拼 5. 玩转魔方	1. 制作一个潜望镜 2. 火山喷发的成因和作用 3. 用水计量时间 4. 学会管理和控制自己	1. 音乐知识小达人 2. 节奏图谱我会画 3. 音乐要素我会听 4. 民族音乐多聆听 5. 风筝小小传承人 6. 捏塑小小艺术家	1. 创意短绳 2. 我国运动员在奥林匹克运动会取得的辉煌成绩 3. 基本体操 4. 小足球及比赛	1. 面对成长新烦恼 2. 我是班级小主人 3. 我们的祖国我爱你 4. 灿烂文化我自豪
	下学期	1. 童年往事忘不了 2. 古典名著之旅 3. 遨游汉字王国 4. 浓浓家国情怀 5. 人物我会描写 6. 自然拼读 7. 英语故事	1. 数说统计图 2. 图形运动会 3. 创意数学手工作品 4. 巧破九连环	1. 设计和制作生态瓶 2. 设计我们的小船 3. 分析一个实际的环境问题 4. 做一个保温杯	1. 合唱练习我能行 2. 口风琴我会吹 3. 音乐全能小达人 4. 聆听音乐会 5. 印染知识我在行 6. 剪纸小小传承人	1. 生活短绳 2. 小篮球及比赛软式排球 3. 迈入青春期	1. 优秀家风我弘扬 2. 公共生活靠大家 3. 复兴华夏中国梦
六年级	上学期	1. 演讲我能行 2. 记录多彩的活动 3. 笔尖流出的故事 4. 我会写倡议书 5. 我的拿手好戏	1. 数学实践我能行 2. 节能减排小调查 3. 小金库理财方案 4. 智对九宫格	1. 怎样放得更大 2. 地球的公转与四季变化 3. 灵活巧妙的剪刀 4. 神奇的小电动机	1. 自制乐器我能行 2. 口风琴自己创编 3. 合唱二声部我会唱 4. 乐器我会演奏 5. 小小环境设计师	1. 技巧短绳 2. 轻度损伤的自我处理 3. 武术演练 4. 小足球与比赛	1. 法律大讲堂 2. 普法小剧场

续表

年级	丰润之语	丰润之智	丰润之创	丰润之艺	丰润之健	丰润之心
	6. 自然拼读 7. 英语故事			6. 美术知识小能手		
下学期	1. 家乡的风俗 2. 漫步世界名著花园 3. 我来说说中国奋斗的历程 4. 我是最佳辩手 5. 回忆难忘的小学生活 6. 自然拼读 7. 英语故事	1. 数学实践我能行 2. 理财收益最优化 3. 出行计划小攻略 4. 货比三家聚划算 5. 新房平面设计图	1. 建造塔台 2. 保护生物的多样性 3. 探索宇宙 4. 发现变化中的新物质	1. 音乐实践我能行 2. 歌曲演唱我会唱 3. 音乐会利用周末去听 4. 演唱歌曲给家人听 5. 开奏小小音乐会 6. 工艺技法小研究 7. 艺术大师我讲解	1. 绳彩飞扬 2. 小篮球与比赛 3. 低单杠 4. 认识危险源,远离危险	1. 我们爱地球演讲比赛 2. 我们爱和平宣讲会

第四节　拓宽儿童的成长路径

在"丰润教育"的指导下,学校课程致力于从儿童的角度出发,寻找、设计适合学生的课程,为学生的终身发展奠定基础,培养学生的兴趣爱好,发展学生的特长才能,培养学生适应未来发展的正确价值观、必备品格和关键能力,从而提高学生的综合素养。基于此,学校以打造"丰润课堂""丰润学科""丰润社团""丰润之旅""丰润田园""丰润校园""丰润探究""丰润之星""丰润舞台"等多场景和实践活动来践行课程理念,为儿童定制有趣的学习路径。

一、建构"丰润课堂",提升课程实施质量

课堂是教学的主阵地,是提高教学质量的生命线。"丰润课堂"是着力培养学生认知能力,促进思维发展、激发创新思维的场域;"丰润课堂"是教师充分发挥主导作用,深入理解学科特点、知识结构、思想方法,科学把握学生认知规律,上好每一堂课的实践坚守;"丰润课堂"是突出学生的主体地位,保护学生的好奇心、想象力、求知欲,激发学生学习兴趣、培养学生良好的学习习惯、提高学生学习能力、培养学生的探究精神与创新能力的美好过程。"丰润课堂"是师生之间的平等对话与交流,是师生、生生之间思维的碰撞与灵感的迸发。

"丰润课堂"以学生为本,强调儿童的主体地位和儿童立场,从儿童出发,回归儿童,让学生享受课堂上那种润物无声的心灵滋润与营养。它有着如下的关键词:

一是高效。"丰润课堂"以高效为课堂的教学目标。用心上好每一堂课,追求每一堂课的高效。这就要求教师提前钻研教材、深度研究文本,关注学情,从实际出发设计课堂教学。

二是丰富。"丰润课堂"的内容是丰富多彩的,形式是多样的。在国家课程的

基础上,学校不断丰富校本课程,结合学校实际开设丰富多样的特色校本课程:不织布、陶艺、烘焙、烹饪、手工修理等劳动课程,架子鼓、竹笛、书法、足球等艺体类课程,编程、科学等科技课程。老师们精心设计每一堂课,采用跨学科学习、大单元教学、情境创设等多种方式丰富课堂教学。

三是润泽。"丰润课堂"是"随风潜入夜,润物细无声"的课堂。学生在老师的循循善诱中受启发,获得学习的灵感与知识的储备。老师要用"润"的方式让学生在不知不觉中爱上学习,启发学生去探索知识,培养学生学而不厌、孜孜不倦的品性和能力,在静水深流中让学生学会求知、爱上求知。

四是灵动。"丰润课堂"是灵动的课堂,以灵活的方式激发学生的主观能动性,让学生全员、全体、全程"动"起来。"丰润课堂"是充满灵性的,即课堂有精神、有活力,学生参与度高,满怀激情。

根据"丰润课堂"的内涵,结合天心区课堂教学评价标准表,学校为"丰润课堂"制定了详细的评价标准,从教学指导、学习态度两大评价维度出发,评价内容包括:目标设定、内容处理、学习引导、课堂组织、评价反馈、互动参与、人际交往、思维发展、情感体验、目标达成。

二、建设"丰润学科",强化学科课程特色

"丰润学科"以国家基础课程为核心,贯彻"为儿童定制有趣的成长路径"的课程理念,依据学科课程标准的要求,根据学生发展需求,对学科基础课程进行拓展,从而构建不同学科的课程群,促进学生全面发展。

"丰润学科"为拓展性课程,是教师根据国家基础课程,自主开发适合学生个性发展的课程。因此,我们以"丰润学科"来推进学科拓展课程的建设与实施。根据学校各学科教师的素养及能力,倡导教师在国家课程校本化实施的基础上总结经验,提炼特色。

"温润语文"引领学生在温润柔美的语文环境里领略语文的美好,领略中华文化的博大精深。"温润语文"课程群分年级包括:趣说故事、童话王国、彩绘我心、诗歌创编等。

"善思数学"充分发挥学生的主观能动性和聪明才智,通过学习数学知识与技

能，教会学生用数学的眼光观察世界、用数学的思维思考现实世界、用数学的语言表达现实世界。"善思数学"课程群以年级为单位，包括以下内容：数学绘本我会读、七巧板设计师、归类整理小达人、数学日记我会写等。

"趣味英语"是指在充满趣味的英语课堂中倡导学生围绕真实情境和真实问题，激活已知，参与到指向主题意义探究的学习理解、应用实践和迁移创新等一系列循环递进的语言学习和运用活动中，引导学生在迁移创新类活动中联系个人实际，运用所学解决现实生活中的问题，形成正确的态度和价值判断。"趣味英语"教学是面向全体学生，充分尊重每一个学生，因材施教的教学过程，让学生在丰富有趣的情境中，通过感知、模仿、观察、思考、交流和展示等活动，真切感受学习英语的乐趣，发现自己的兴趣和潜能，增强学习效能感。为落实英语学科的核心素养，考虑到不同学段学生的能力、兴趣和需求，学校结合英语课标与学校实际确定"趣味英语"特色课程群，包括：英语剧场、英语绘本、英语歌曲、英语阅读等。

"创动科学"让学生在科学探索中进一步感受科学的乐趣与魅力，激发探究和求真欲望，为学生创设真实的学习情境，让他们感受到动手、动脑的科学魅力，在知行合一中落实科学核心素养。因此，在科学课标的指引下，结合学校实际，学校建立"创动科学"课程群，包括：植物世界大搜索、劳动乐园动起来、科学世界创造营等。

"悦心音乐"让学生感受艺术的魅力，明白好的音乐可以让身体放松、舒缓压力，体验音乐的情绪和情感，用音乐的方式感知、发现、体验和欣赏艺术美、自然美、生活美、社会美，不断提升审美感知能力。结合学校实际，我们构建如下课程群：校级合唱课、声乐演唱课、舞蹈表演课、综艺主持课等。

"动感体育"是让孩子们在体育课中"动"起来，掌握一定的体育技能并感受体育的魅力、实现身体健康。因此，我们着力打造动感体育课堂，促进儿童和谐发展。"动感体育"学科课程群包括：啦啦操、篮球、羽毛球、足球、跳绳、田径等。

"润泽美术"就是要以润物无声的方式，教给学生发现美、创造美、感受美的能力。学校在现有基础上确立如下课程群：陶艺创作、创意不织布、创意瓶子坊、纸盘世界、彩色折纸、创意黏土、色彩大玩转、艺美童话等。

"悦润劳动"彰显劳动学科与每一个生命紧密联系的特性，旨在通过直接体验和亲身参与的劳动实践活动，从简单劳动到复杂劳动、创造性劳动，让学生出力流汗，接受锻炼、磨炼意志，进而达到浸润和滋养人格的目的。"悦润"则体现于寓劳感心，教学过程中我们充分利用我校特色劳动实践基地，让学生亲历情境、亲手操作、亲身体验，经历完整的劳动实践过程，以"润"为滋养的方式提升学生的劳动素养，让学生在辛勤的劳动中懂得劳动创造人、劳动创造财富、劳动创造美好生活的道理。同时"悦润"也指通过愉悦的劳动心态在劳动实践中陶冶情操，让心灵在滋养的过程中提升审美情趣。"悦润劳动"学科课程群，主要包括基地劳动（蔬菜园种植基地、葡萄园种植基地、四季果园种植基地和盆景园实践基地）、特色劳动（不织布、陶艺、烹饪、烘焙、手工修理等）和家务劳动。

每个课程群的建立都是在课程标准的指引下，结合学校实际，以培养学生的核心素养为目标，着力落实。

三、创设"丰润社团"，发展儿童兴趣爱好

所谓"丰润社团"，是仰天湖新路小学为丰富学生的课余生活、发展学生的兴趣爱好而特意开设的艺体、益智等类型的社团活动。

根据学校的教学理念、育人目标和发展目标，在规划统一的课程之外，为尊重学生个体差异，关注学生的个性化发展需求，我们以社团的形式为学生提供多元、多样的教学活动，作为课堂教学的拓展、延伸和深化，推动学校体育、艺术、劳动教育的发展，促使学生培养高雅的审美，锻炼强健的体魄，打磨坚忍的意志，丰富学生的经历和见识，满足学生全面发展的需求，鼓励学生在阳光下生活，在自信中成长。学生自愿参加，在丰富多彩的社团活动中开拓视野，启迪智慧，陶冶情操。

我校"丰润社团"主要有两种，一种是学校老师组建的校队，充分利用本校教师资源，挖掘潜力，拓宽渠道，组织教学活动，让学生体验音乐、体育、美术、科技、劳动、语言等方面的特色活动。另一种是聘请校外有资质的专业教师开设的兴趣社团，以此培养学生多样的兴趣，丰富学生的校园生活，为学生提供更多的选择。

四、推行"丰润之旅"，做好研学旅行课程

作为湖南省劳动教育实验校，我校将劳动教育贯穿学校教育教学各方面。研学活动中以劳动研学为主，学生亲身参与劳动实践活动，感受劳动的辛苦、培养良

好的劳动习惯和实践能力、增强团队协作意识和责任感等。

劳动是创造物质财富和精神财富的过程，是人类特有的基本社会实践活动。人类通过各种形式的劳动创造了物质文化和精神文化财富，从而推动了社会的发展和进步。新时代的劳动教育必须以传承传统劳动为基础，在传承的基础上不断思考、实践、创新。结合学校劳动教育特色的实际情况，学校在开展"丰润之旅"的研学过程中，以传承、创新为主线，充分发挥劳动的育人功能，对学生进行热爱劳动、热爱劳动人民的教育活动，培养学生正确的劳动价值观和良好的劳动品质，引导学生开展创造性的劳动。对于基地的选择学校也是十分重视，如我们选择以农耕为主的研学基地，让学生徜徉在大自然中，"吃农家饭、住农家屋、干农家活、享农家趣"，沉浸式地进行农耕劳动，体验原生态的乡村生活。

五、创意"丰润田园"，落实劳动教育课程

学校着力打造劳动教育，构建了"四四三"的劳动教育体系。依托学校实际，学校在教学楼楼顶开辟了四块劳动教育实践基地，分别是蔬菜园种植基地、葡萄园种植基地、四季果园种植基地和盆景园实践基地，基地面积约5 000平方米，为学生提供了丰富的劳动教育实践场所。学校着力构建"丰润田园"的特色劳动项目，让劳动教育真正落地。在具体实施中，学校根据学生年龄特点为各个年级的学生量身定制了适合学生身心发展与能力特点的基地劳动，如一年级借助盆景园进行植物的观察和认识，并收集花瓣和树叶进行再创造，如制作颜料或树叶画等，孩子们可以在园中鉴赏美，发现美，最终创造美；二年级依托四季果园，学生深入地认识植物的结构与特征，并进行简单的劳动如除草和施肥，果实成熟时还进行水果初加工和爱心义卖；三至四年级以蔬菜基地劳动为主，每个学期我们的学生将经历蔬菜的完整生命，用心呵护植物从种子到成熟的全过程，学生在此过程中将体验翻土、育苗、移植、浇水、施肥、除虫、驱鸟、采摘等劳动；五至六年级将在葡萄园进行更高阶的创造性劳动，学生通过劳动课堂认识如何科学地进行葡萄园管理，并通过实践体验抹芽、施肥、授粉、疏果等劳动。我们的劳动课程旨在培养学生的实践能力与创新精神，使学生在真正的身体力行中出力流汗，手脑并用，逐渐养成爱劳动、会劳动、善思考、能创造性劳动的良好习惯，逐步培养学生劳动核心素养。

基于四块特色劳动实践基地——盆景园、四季果园、蔬菜园、葡萄园,学校开发了大量丰富、多元、可供选择的课程资源,形成"丰润田园"系列特色劳动项目。具体如下(见表6-3)。

表6-3 仰天湖新路小学"丰润田园"劳动项目表

基地	一年级	二年级	三至四年级	五至六年级
盆景园	植物的观察和认识、收集花瓣和树叶、制作颜料或树叶画			
四季果园		认识植物的结构与特征、除草与施肥、水果初加工、爱心义卖	植物认领、我与小树共成长	
蔬菜园			翻土、育苗、移植、浇水、施肥、除虫、驱鸟、采摘、义卖	翻土、育苗、移植、浇水、施肥、除虫、驱鸟、采摘、义卖
葡萄园				抹芽、施肥、授粉、疏果加工等

六、激活"丰润校园",开发环境隐性课程

校园文化是学校发展的灵魂,是凝聚人心、展示学校形象、提高学校文明程度的重要体现。校园文化对学生的人生观、价值观产生着潜移默化的深远影响。健康、向上、丰盈的校园文化对学生的品性形成具有渗透性、持久性和选择性的影响,对于提高学生的人文道德素养、拓宽视野、培养跨世纪人才具有深远意义。以此为基础,学校确定"丰润生命,成就美好"的办学理念,展开"丰润校园"的文化设计。

1. 大厅文化。学校目前有"求索楼""守正楼"和"开新楼"三栋教学楼,校园建筑讲求整体规划、合理布局。建筑以红色为主色调,热烈奔放,青春朝气,彰显了学校和师生的活力。学校的核心理念是"丰润生命,成就美好",教育这一美好的行为

所要塑造的生命也应是美好的,拥有健全美好的人格品性、儒雅美好的礼仪品格、独立娴熟的生存技能……仰天湖新路小学从这一育人目标出发,立足德智体美劳全面发展的时代背景,确立了以培养"热爱祖国、热爱劳动、文明守礼、大胆创新、艺体均衡发展"的"新路"学子为育人愿景,为孩子的美好幸福人生奠定丰润底色。

校园文化石镌刻着学校的校训:让世界因我而更美好。"教育就是一棵树摇动另一棵树,一朵云推动另一朵云,一个灵魂唤醒另一个灵魂。"于教育工作者来说,教育是一种成就,成就自己、成就孩子、成就生命;于学生而言,在学校的学习和生活是为了成就美好的自己,最终因为自己的美好,去成就他人和社会的美好。

在核心理念和校训的引领下,学校确定了"同生共长,美美与共"的校风,"追求卓越,心向未来"的教风,以及"敢于尝试,勇于探索"的学风。亚里士多德说:"幸福是人生的最高目标。"我们的教育应该为人的美好和幸福做准备,学校应该为孩子的美好幸福人生打下基础,让孩子、老师、家庭都能够享受到学校教育带来的快乐与美好,并在此基础上开启自己的美好人生。

2. 楼道、走廊文化。我校非常重视楼道文化的建设。学校在进行校园文化设计之初,就设想将劳动教育与校园文化相融合,小到班级植物角,大到学校读书吧、楼道,都是以劳动教育为主题进行设计。我们结合学校蔬菜种植基地,依据《义务教育劳动课程标准(2022年版)》,以生产劳动、传统文化、二十四节气、种植的四季变化以及家务劳动中"整理与收纳"等生活劳动和社会志愿服务劳动为主题进行楼道文化设计,让学校每一面墙壁说话,将育人功能发挥到极致。

另外,走廊也是不可忽视的隐性课程。我校的活动走廊是以"春夏秋冬"为主题的开放型读书吧,无论是丰富多彩、大树形态的书柜,还是图书陈列的位置,都充分考虑了学生的年龄特征和学校劳动教育的元素。美好的校园环境能够给学生以美的感知,在这里,学生能够发现美、欣赏美、创造美,以最高的审美情趣涵养生命,创造美好。

3. 教室文化。教室是学校教育的主阵地,是师生教学和学习活动的主要场所,班级文化建设对学生有着巨大的教育影响。班级文化建设,既有学校的统筹安排,又有班级的个性化创造。各班级精心打造,一面面流淌着爱、滋润着生命力量的墙壁,变成了无声的教育。图书角和植物角也是我们学校班级文化的一大特色。主题鲜明而又温暖和谐的班级文化,不但美化了校园的环境,陶冶了学生的情操,净化了学生的心灵,而且培养了学生的主人翁意识和合作精神,为学校增添了一道亮丽的风景线!

校园文化是环境教育的重要内容,校园文化建设对学生产生着潜移默化的影响。良好的校园文化氛围,能将学生置身于良好的人文环境和学习氛围之中,无声无息中影响着人的思维方式、人生观和价值观。我校在校园文化的建设中,主要从以下方面进行思考:理念为本,根深叶茂;行动为体,凸显价值。学校将办学理念和办学思想以润物无声的方式融于校园的各个角落,不仅在物质建设上有心,而且高度关注师生成长,强化内涵引领。

七、创意"丰润探究",做好项目学习课程

除学科课程、研学课程、社团课程、德育活动之外,为了满足学生对于科学探索、发明研究、劳动实践的深层兴趣,解决学生在种植等活动中遇到的问题,学校引导学生在专业老师的指导下自发成立项目式研究小组,开展项目式研究暨"丰润探究"的学习。

基于学生在生活和学习中的实际问题,专业老师提供方法指导和安全保护,小组成员借助一个个小课题,以问题为导向,在解决问题的过程中,激发兴趣、搜集信息、获取知识、亲自实践、体验成功。"丰润探究"的主题设计以小课题研究为基本形式,学生在老师的帮助和指导下,从自己感兴趣的问题入手,边动手实践边进行研究。(见图6-2)

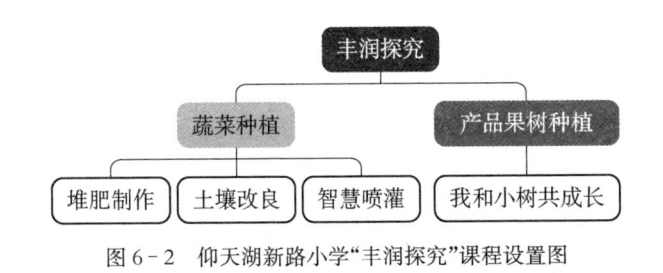

图6-2 仰天湖新路小学"丰润探究"课程设置图

"土壤改良"为科学探索操作主题的项目式研究。蔬菜园有三块实验田,三块地土质相同,都种植了大蒜,还都有土壤硬化趋势。项目式研究小组的成员用了三

种不同的方法来进行土壤改良实验,分别是有机肥改良、蚯蚓改良、复合肥改良。有机肥也就是学生自己制作的堆肥。在实验田里定期地、均匀地撒入有机肥,天然肥料中的有机物在大自然中发酵,可以改变土壤的酸碱性和营养成分,更有利于植物的健康生长。蚯蚓也称"土龙",在田地里活动频繁。学生利用蚯蚓的活动缓解土壤板结的问题,利用蚯蚓的粪便让土壤细腻、湿润,从而改善土壤环境。复合肥也就是买来的化肥。每一个小坑之中施薄肥,严格遵循使用方法,不过度施肥。学生借助仪器定期观察记录土壤的pH值、含水量、含氧量,观察植株的生长情况和虫害情况,一段时间后,对比三块实验田的数据,从而找到最适合蔬菜园土壤改良的方法。

"智慧喷灌"为发明研究主题的项目式研究。蔬菜园位于楼顶,三至六年级每班承包一块地自主种植。在种植过程中,学生发现浇水不是一件容易的事情:一是每天爬上爬下浇水很不方便;二是劳动课时间不能固定在每天同一时间,导致浇水也不能固定时间;三是假期休息时间还要特意跑来学校浇水,非常麻烦。同时,在浇水的过程中,细心的学生也发现不同的蔬菜需水量是不一样的。因此,学生在老师的带领下自行设计一个自动喷水的系统,定时定量又便捷地给蔬菜浇水。经过查阅资料、开展项目分析与规划、现场测量数据(包括单块地长、水沟宽度、每棵菜之间的距离等)、设计图纸、原理学习、程序设计、现场施工、调试设备等一系列步骤之后,智慧喷灌系统试验成功。目前,这块地已经可以完全脱离人工浇水,还节约了用水量。学生在此次活动中深刻地体会到智能科技带来的便利,向着未来型、创造型人才迈进了一大步。

"我和小树共成长"为科学探索操作主题的项目式研究。在"为四季果园的果树制作吊牌"这一任务的驱动下,各研究小队承包了不同种类的果树,开始观察果树的形态和生长情况,记录其生长数据;定期浇水施肥拔草,在劳动过程中分析其对水分、阳光、营养等的需求,调整养护频率,使之更好生长;查找网络或书报,了解果树种类、特征、习性等信息;撰写研究日记,记录所见所想所得;绘制果树成长日记绘本等。学生深度接触果树,深入了解果树,在此基础上,形成果树研究报告,并压缩制作成二维码,形成果树吊牌。学生在真实的劳动中,记录果树生长情况、摸清其生长习性,也就是在劳动中开展研究。从观察到分辨,从记录到分析,从感受到总结,从积累到表达,这是开展科学研究的一种基本形式。

在"丰润探究"的课程构建与实施过程中,我校提倡基于实际问题进行探究。研究应以学生为主体,指向学生的发展,指向方法的提炼,指向过程和体验。学生在研究中团队合作,开展讨论、调查、采访、问卷、实验、信息搜集与处理、成果展示与宣传等探究活动,学到了研究的方法,提升了科学素养,锻炼了劳动能力。在探究结束之后,各小组总结形成探究汇报、探究课例,作为结题。(见图6-3)

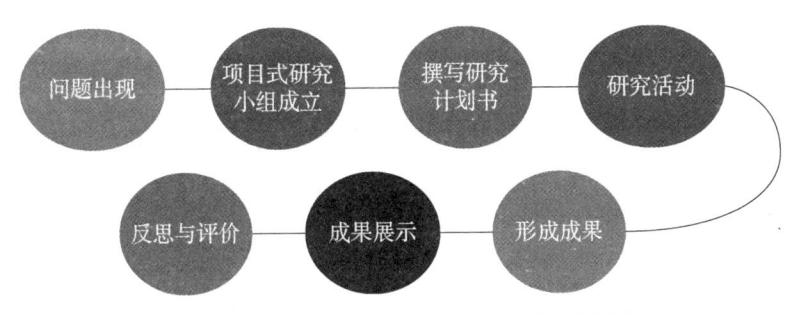

图6-3 仰天湖新路小学"丰润探究"学习路径图

八、评选"丰润之星",推进个性特长课程

我校德育课程的基本路径是"红色文化润心"和"劳动教育树德","丰润之星"是将日常的德育活动与学校"丰润生命,成就美好"的办学理念有机结合,并融入养成教育、感恩教育、礼仪教育、安全教育等专题教育之中,逐步构建起学校、家庭、社会三位一体的教育网络,以一个核心("丰润美好")、两条主线(红色文化、劳动教育)为主,以习惯养成、人格成长为目标,整合专题教育、节日文化课程资源,扩展教育时空。学生在亲身经历各项活动的过程中进行"体验""体悟""体认",成为一个敢于探索、敢于尝试的"新路"少年。

九、搭建"丰润舞台",建设艺术表演课程

"丰润舞台"给学生提供更多展示自我的时间与空间,为学生创建一个活动阵地,整个过程以学生自主实践为主,在老师的组织与带领下,学生积极参与各项活

动,为学生打造出自我展示、自我娱乐、自我成长的梦想舞台,让学生在探索与实践中学会创新、释放天性、锻炼能力,用艺术滋养学生的心灵,陶冶学生的情操,让学生学会享受生活、感受美好。

"丰润舞台"实践活动是学校教育教学的重要组成部分,为了给学生搭建多种展示自我、成就自我的舞台,学校从实际出发,并结合各种教育契机和节日氛围,统筹安排,开展异彩纷呈的舞台活动,营造活泼、有趣、欣欣向荣的校园文化,如读书节、艺术节、劳动节、科技节、运动会、社团活动汇报以及德育部门依托各种节假日开展的丰富多彩的活动,进一步丰富学生的校园生活。

总之,我校课程治理以"丰润教育"为思想引领,进行系列活动与课程建设。我们从身边的问题入手,以小切口、深挖掘、重实践、强应用为着力点,期待孩子们在润物无声中得到滋养与呵护,在潜移默化中不断浸润与成长,让每一个孩子都能自信、阳光、美好地生长。

第七章
课程治理的生长性

课程治理要促进学校课程发展，解决发展动力性问题，实现素养本位的课程体系建构，要体现生长性。课程治理要依照国家有关课程政策，结合学校实际情形，从课程目标、课程内容、课程实施以及课程评价四个方面入手，把握学校课程的生长性，促进学生的全面发展。

课程具有生长性和生成性,这是不言而喻的。有学者认为,学校课程变革必须激活包括教师和学生在内的课程实践过程,回归课程的生成性品格。课程的生成性品格客观上要求我们关注课程管理的生成性过程,彰显课程管理的过程性、境遇性、关系性和创造性。[①] 落实学生发展核心素养,要从课程目标、课程内容、课程实施、课程评价四个方面入手,把握学校课程的生长性和生成性。因此,学校课程治理是在学校课程自治权下对学校课程目标、内容、实施和评价机制问题的集体关联与全面生长。课程治理要促进学校课程发展,解决发展动力的生长问题,实现素养本位的课程体系的生长建构。可以肯定的是,学校课程治理具有极强的生长性。

一是课程目标的生长。课程目标不是永远不变的东西,它是随着时代变化而变化的。学校课程治理的目的是达到善治,即为每一个学生终身发展负责,促进每一个学生全面而有个性的发展。在促进学生全面而有个性发展的同时,服务于培养社会主义建设者和接班人的目标。[②] 因此,课程目标应该顺应新课程方案的要求,不断生长。我校"芙蓉美课程"由1.0版本的"君子教育"生长为"天然教育",其中育人目标由"育身心健美、德才兼修、有个性有特色的新时代君子"生长为"育身心健美、德才兼修、有个性有特色的新时代少年儿童",更贴合学校的办学实际,体现立德树人视域下儿童的全面发展。

二是课程内容的生长。泰勒指出,学生是一个主动的参与者。学生之所以参与,是因为环境中某些特征吸引他,学生是对这些特征做出反应。他认为这并没有轻视教师的责任,教师的任务是要通过构建情境来"控制学习经验",而且要构建多种多样的情境,以便为每个学生提供有意义的经验。[③] 据此,我们认为,课程内容具

[①] 杨四耕.学校课程管理的生成性过程与方法论定位——过程哲学视角[J].教育学术月刊,2023(6):3—11.

[②] 胡定荣,齐方萍.学校课程治理现代化的目标、内涵与实现路径[J].教育科学研究,2021(7):11—16,23.

[③] 施良方.泰勒的《课程与教学的基本原理》——兼述美国课程理论的兴起与发展[J].华东师范大学学报(教育科学版),1992(4):1—24.

有生长性,它是随着特定的情境生长的。落实学生核心素养培养任务,需要基于特定的情境,设计高质量的课程内容。课程内容并非一成不变,而是应该立足国家课程方案实施要求与学生核心素养发展需要,通过课程治理不断生长,将学校文化、办学理念、育人目标与国家、地方、校本课程有机融入,构建兼具国家课程方案高质量实施与学校内涵式发展要求的课程体系。① "芙蓉美课程"顺应时代发展要求,课程理念从"让生命愈渐明艳"升级为"每一朵芙蓉都天然如斯",不断丰富各学科课程内容,建设"怀童趣之心 观自然之物 感植物之美——系列主题任务课群"以实现跨学科学习,丰富天性展现的具体情境,促进每个儿童身心健康和谐发展。

三是课程实施的生长。有学者指出,课程实施是一个开放、创造、动态、生成的过程,在此过程中,随时都可能出现生成性课程事件,教师要及时捕捉和充分利用生成性课程事件。② 我们认为,课程实施是将已经编订好的课程内容付诸实践,是实现预期教育结果的手段,具有极强的生长性。学校为落实全面育人,"芙蓉美课程"从丰富学生学习经历角度出发,通过"天然课堂、天然学科、天然社团、天然之旅、天然校园、天然田园、天然探究、天然之星、天然节日"九大路径实施,激活课程实施的多维途径,显示了课程实施的生长性,把握了课程治理的途径育人价值。

四是课程评价的生长。有专家提出,教育的过程是儿童生长与发展的过程,教育不应追求自身以外的目的,所以课程评价不是在儿童的生长过程以外去找寻一把度量的尺子,而是不断地发现生长的问题,并为解决问题提供理性的价值评判。③ 我们认为,在课程治理的过程中,课程评价并非原封不动,而是具有生长性的。因此,学校要制定"评价育人"可行方案,以核心素养为导向,更新评价观念,针对教育评价现实存在的问题,在循环的课程建设中,不断生长,积极创新评价方式方法,探索增值评价,为学校课程现代化育人目标的实现提供必要保障。

学校课程治理是基于一定的治理情境,由治理主体在一定时空范围内,依据相关制度规范,通过多种方式对治理内容进行治理、达到治理标准的一系列任务组合。在学校课程治理中,治理情境、治理主体、治理内容、治理方式、治理时空、治理

---

① 杜文彬.学校课程治理现代化:内涵、逻辑与实现路径[J].江苏教育,2023(19):25—28.
② 李小红.论生成性课程事件的捕捉与利用[J].教育发展研究,2006(20):37—41.
③ 蒋雅俊.课程评价:课程价值的创造与实现[J].华南师范大学学报(社会科学版),2014(3):63—68,162.

保障和治理标准构成了核心要素,分别呈现了复杂性、全员性、专题性、灵活性、边界性、制度性和客观性等特征。① 一句话,课程治理要依照国家有关课程政策,结合学校实际情形,布局学校课程实施,从课程目标、课程内容、课程实施以及课程评价四个方面加以思考,推进学习方式的变革,体现课程治理的生长性。

---

① 徐昌,曾文静.学校课程治理的核心要素[J].教学与管理,2021(15):77—81.

"芙蓉美课程"：每一朵芙蓉都天然如斯

长沙市天心区仰天湖中建小学位于省府新板块、长株潭发展核心区域，地理位置优越。学校创办于2015年，占地面积23亩，建筑面积16 700平方米。校园环境典雅，布局科学，设备先进。结合办学特色以及"清水出芙蓉，天然去雕饰"的文化内涵，学校推进"芙蓉美课程"建设，取得良好的课程实施效果。

第一节　清水芙蓉绽天然

仰天湖中建小学邻近芙蓉路，而湖南亦称"芙蓉国"，学校如处在一片芙蓉花海中。我们将芙蓉花作为一种教育意象，"清水出芙蓉，天然去雕饰"，自然最美。每个孩子，亦如朵朵芙蓉，在中建校园里生根、发芽、成长，每一朵芙蓉都是独特个体的存在，成长过程天然美好。由此，我们提出学校教育哲学。

一、教育哲学："天然教育"

我校教育哲学是"天然教育"。"天然教育"是在对理想学校、理想学校教育、理想儿童成长等问题追问的历程中提出的教育思考，是学校发展素质教育的实践探索与理论概括，是我们的教育价值观和内涵发展方法论。

在目的论上，"天然教育"是个性的教育，是学校遵循每个儿童的自然本性、促进每个儿童个性自然发展的教育。

在内容论上，"天然教育"是生活的教育，是积极构建教育情境，回应生活世界对教育的诉求，丰富每个孩子的生命体验，促成每个孩子经验不断生长的教育。

在过程论上，"天然教育"是唯美的教育，强调在美的过程中回归自然，回归自身，在自然中发现美、感受美，丰富儿童的审美情感，激活儿童的审美创造力。

在方法论上，"天然教育"是灵动的教育，引导每个孩子主动探究、亲历探索自然奥秘，是唤醒孩子灵性、成就学生智慧的教育。

在评价论上，"天然教育"是生长的教育，激励孩子积极进取，不断寻求每个孩子天性发展的动力，最大限度地展现每个孩子的天赋和兴趣。

在效果论上，"天然教育"是纯粹的教育，是遵循教育本质和规律，回到教育原点，重塑教育和谐生态，"天然教育"是为着人的成长这一纯粹目的而存在的。

基于上述教育哲学理解,我校提出"出于天然,呵护天真,守望天成"的办学理念。我们秉持如下教育信仰:

我们坚信,
教育是天然的对话;
我们坚信,
好学校是自然和社会天然呈现的地方;
我们坚信,
每个孩子自立、舒展、飞扬是教育最美的图景;
我们坚信,
唤醒每个孩子创造天然自己是教师最智慧的专业姿态;
我们坚信,
成全每个孩子成就天然自己是学校教育的神圣使命。

二、课程理念

基于对上述办学理念的理解,我校提出"每一朵芙蓉都天然如斯"的课程理念。这一课程理念有深刻的内涵,具体如下:

——课程即个性的生长。在价值观上,课程是为了儿童个性发展的。卢梭在《爱弥儿》中说道:"我所举的事例可能仅适用于某一儿童,却不适用其他儿童……要研究每个儿童的特殊天性。而研究每个儿童特有的天性时,就要研究其天性得以表现的具体环境。"儿童的差异表现在个体的天赋和兴趣方面,课程应该满足个体不同天赋和兴趣自由发展的需要。"芙蓉美课程"为每个学生的内在生长而设计,它考虑到学生的个性特点,遵从生命成长的规律,成全每个孩子的天赋本性。

——课程即天然的元素。在内容观上,课程与真实生活建立天然的联结。杜威认为,儿童的生长是在教育与生活的关联中实现的。儿童的身上内蕴着宝贵的"先天资源",这是他们的独特天性。有着丰富感受性的儿童,需要生活在充满意象、原型的意义境域中,才能将"先天资源"最大限度地展现,并实现自我。"芙蓉美课程"是以每个孩子的天性为起点,研究天性展现的具体环境,力求每个孩子身心健康和谐发展。

——课程即美好的情愫。在过程观上,童年是人生的一段重要生命历程,教育需要用心灵去感受美好的情愫,发现孩子天性生长的规律,提供适当的材料,激活儿童对美的感受力,保证每个孩子生长的能力,促进儿童带着审美创造力向社会生活需要的方向生长。

——课程即积极的体验。在评价观上,多元丰富的课程内容,让每个孩子尽可能直接接触自然、真实的事物和素材,体验实际操作的过程。做中学,学中悟,满足不同孩子的发展需求,激发孩子的潜能,激励每个孩子成为积极的、不断生长的个体。

总之,"天然教育"就是营造舒适、生态的教育环境和氛围,切合儿童生长的节奏,通过启发、诱导、唤醒、激活等敞开儿童天性发展的各种可能,以个性化、差异化的教育促进儿童天性发展。因此,我们将学校课程模式命名为"芙蓉美课程",我们期待,教育随着儿童自然天性的生长而发展,学校课程涵盖儿童成长的全过程,经由课程的实施,让每个孩子获得自由、自主、健康的发展。

第二节　朵朵芙蓉向纯粹

课程是落实立德树人根本任务、实现育人目标的载体。因此,确立学校育人目标是课程建设的基础,也是引领课程建设的方向。

一、育人目标

学校倡导每一个人都做芙蓉般纯粹的人,致力于培养"明是非,有修养;会学习,有学识;强体魄,有毅力;爱生活,有梦想"的新时代少年儿童,具体内涵如下:

明是非,有修养。热爱祖国,热爱人民,热爱中国共产党;坚毅勇敢,自信自强,勤劳节俭,保持奋斗进取的精神状态;诚实守信,明辨是非,遵纪守法;孝亲敬长,团结友爱,热心公益,热爱集体;热爱自然,保护环境,珍爱生命。

会学习,有学识。乐学善思,勤于思考,保持好奇心与求知欲,形成良好的学习习惯,初步掌握适应现代化社会所需要的知识与技能,具有学会学习的能力;乐于提问,敢于质疑,学会在真实情境中发现问题、解决问题,具有探究能力和创新精神。

强体魄,有毅力。强身健体,健全人格,养成体育运动的习惯,掌握基本的健康知识和适合自身的运动技能,树立生命安全与健康意识,形成积极的心理品质,具有抗挫折能力与自我保护能力。

爱生活,有梦想。自理自立,热爱劳动,掌握基本的生活技能,具有良好的生活习惯;向善尚美,富于想象,具有健康的审美情趣和初步的艺术鉴赏、表现能力;学会交往,善于沟通,具有基本的合作能力、团队精神;明确人生发展方向,追求美好生活。

二、课程目标

基于以上育人目标,我们将其分解为各学段具体的课程目标(见表7-1)。

表7-1 仰天湖中建小学"芙蓉美课程"目标表

年级	明是非,有修养	会学习,有学识	强体魄,有毅力	爱生活,有梦想
一年级	1. 讲文明、懂礼貌。 2. 养成良好的生活和学习习惯。 3. 诚信友善,宽厚待人,知错就改,自己的事情自己做。具有一定的安全自护能力。	1. 爱学习,掌握一年级文化课课程标准规定的要求,有良好的学习习惯。 2. 主动思考,善于合作,乐于分享。 3. 初步掌握一些学习方法,对待问题能表达自己的观点。	1. 乐于参加各种体育课外活动。 2. 初步掌握简单的技术动作,感受运动带来的乐趣。 3. 珍爱生命,提高心理素质。学习初步的安全自护知识和健康技能。	1. 培养动手制作的兴趣、锻炼想象能力和创作能力。 2. 丰富情感体验,培养对艺术的热爱。 3. 掌握一定的劳动技能,乐意与同伴交往,拥有积极乐观的生活态度。
二年级	1. 讲文明、懂礼貌。 2. 养成良好的生活和学习习惯。懂得基本的道德规范和文明礼仪。 3. 诚信友善,宽厚待人。遵守学校纪律,积极参加集体活动。知错就改,自己的事情自己做。	1. 爱学习,掌握二年级文化课课程标准规定的要求,有良好的学习习惯。 2. 主动思考,善于合作,乐于分享,并能发现自己的特长。 3. 初步掌握一些学习方法,能运用所学知识和技能解决简单问题。	1. 乐于参加各种体育课外活动。 2. 初步掌握简单的技术动作,感受运动带来的乐趣,形成积极进取、乐观向上的生活态度。 3. 珍爱生命,提高心理素质,形成健全人格。学习初步的安全自护知识和健康技能。	1. 培养动手制作的兴趣、锻炼想象能力和创作能力。 2. 丰富情感体验,培养对艺术的热爱。 3. 掌握一定的劳动技能,乐意与同伴交往,乐于助人,拥有积极乐观的生活态度。

续表

年级	明是非，有修养	会学习，有学识	强体魄，有毅力	爱生活，有梦想
三年级	1. 具有良好的品德行为和文明习惯。 2. 遵守校规校训和社会公德，有自我约束能力。 3. 懂得尊重老师、孝敬长辈，能和谐地与他人相处，积极参加集体活动。 4. 拥有良好意志和开朗性格。	1. 进一步掌握有效的学习方法，有浓厚的学习兴趣。 2. 能注重联系生活实际，会初步将所学知识与技能运用于日常生活。 3. 在学习生活中能提出疑问，并能尝试独立或合作去探究问题的答案。	1. 乐于参加体育锻炼，养成坚持锻炼身体的习惯。 2. 掌握基本的运动技能，形成健康的生活方式和积极进取、乐观向上的生活态度。 3. 珍爱生命，提升心理健康水平，形成健全人格。学习基本的安全自护知识和健康技能。	1. 基本掌握各门艺术的基本知识和方法，具有艺术修养，有初步的创新意识。 2. 培养创新性思维、提高艺术审美能力，陶冶高尚情操，对艺术有所追求。 3. 具有积极的劳动态度和良好的劳动习惯。能和谐、融洽与人相处，乐于助人，乐于分享。
四年级	1. 具有良好的品德行为和文明习惯。 2. 遵守校规校训和社会公德，有自我约束能力。积极参加集体活动。 3. 懂得尊重老师、孝敬长辈，能和谐地与他人相处。 4. 拥有良好意志和开朗性格。做事有责任心，能持之以恒。	1. 掌握有效的学习方法，有浓厚的学习兴趣。 2. 能注重联系生活实际，会初步将所学知识与技能运用于日常生活。 3. 在学习生活中能提出疑问，并能认真倾听、独立思考、自主探究、动手实践、合作交流、反思质疑、交流分享，有自己解决问题的方法与策略。	1. 乐于参加体育锻炼，养成坚持锻炼身体的习惯。 2. 掌握基本的运动技能，形成健康的生活方式和积极进取、乐观向上的生活态度。 3. 珍爱生命，提升心理健康水平，充分发挥潜能，形成健全人格。学习基本的安全自护知识和健康技能。	1. 基本掌握各门艺术的基本知识和方法，具有艺术修养，有初步的创新意识。 2. 培养创新性思维、提高艺术审美能力，陶冶高尚情操，对艺术有所追求。 3. 具有积极的劳动态度和良好的劳动习惯。能和谐、融洽与人相处，乐于助人，乐于分享。

续表

年级	明是非,有修养	会学习,有学识	强体魄,有毅力	爱生活,有梦想
五年级	1. 具有爱祖国、爱人民、爱家乡、爱学校的思想情感和良好品德,孝亲敬长,有感恩之心。 2. 具有遵守社会公德的意识和文明行为习惯,具有规则意识和民主法治观念。 3. 懂得为人处世的基本准则。能够帮助别人,愿意为集体服务,能明辨是非,换位思考。 4. 有积极向上的人生态度和良好的心理素质。	1. 能熟练掌握有效的学习方法,保持浓厚的学习兴趣,积极主动学习,养成良好的学习习惯和初步自主学习的能力。 2. 自信,具有大胆创新和主动探究的意识,善于表达自己的感受,有符合逻辑的观点。 3. 能从生活经验出发,形成正确科学的学习方法,有独特个性的解决问题的方法与策略。	1. 积极参加各项体育运动,形成灵敏、力量、耐力、协调等身体素质。 2. 通过国家体质健康测试,掌握2—3项运动技能,并发展为特长。享受运动,磨炼意志。 3. 珍爱生命,提升心理健康水平,能控制自己的情绪,形成健全人格。掌握基本的安全自护知识和健康技能。	1. 提高想象力和创造力,增强审美意识和审美能力。 2. 增强对大自然和人类社会的热爱及责任感。 3. 尊重艺术、理解多元文化,树立终身学习的愿望。 4. 主动参加家务劳动、公益活动和社会实践活动。拓展知识领域,增长生活经验。
六年级	1. 具有爱祖国、爱人民、爱家乡、爱学校的思想情感和良好品德,孝亲敬长,有感恩之心。 2. 具有遵守社会公德的意识和文明行为习惯,具有规则意识和民主法治观念。 3. 懂得为人处世的基本准则。能够帮助别人,愿意为集体服	1. 能熟练掌握有效的学习方法,保持浓厚的学习兴趣,积极主动学习,养成良好的学习习惯和初步自主学习的能力。 2. 自信,具有大胆创新和主动探究的意识,有自己独特的见解和看法并勇于表达。 3. 能从生活经验出发,形成正确	1. 积极参加各项体育运动,形成灵敏、力量、耐力、协调等身体素质。 2. 通过国家体质健康测试,掌握2—3项运动技能,并发展为特长。享受运动,磨炼意志。 3. 珍爱生命,提升心理健康水平,能控制自己的情绪,形成健全人格。掌握基	1. 提高想象力和创造力,增强审美意识和审美能力。 2. 增强对大自然和人类社会的热爱及责任感。 3. 尊重艺术、理解多元文化,树立终身学习的愿望。 4. 主动参加家务劳动、公益活动和社会实践活动。拓展知识领域,增长生活经验,感受知识与生活

续表

年级	明是非,有修养	会学习,有学识	强体魄,有毅力	爱生活,有梦想
	务,能明辨是非,换位思考。 4. 初步形成积极向上的人生观、价值观。	科学的学习方法,有独特个性的解决问题的方法与策略。	本的安全自护知识和健康技能。	的联系。掌握与人交往的方法,用积极的方式解决问题。

第三节　灼灼芙蓉促生长

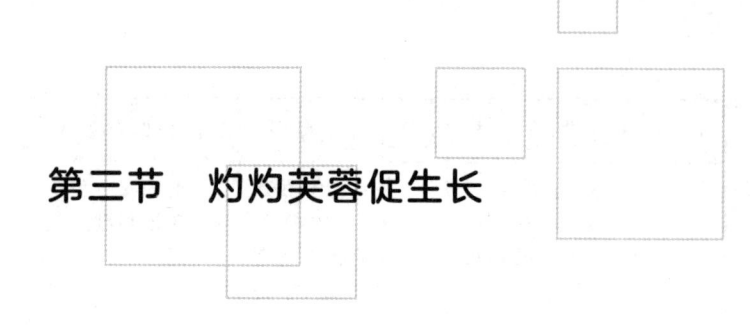

为更好地实现学校课程目标,依据"天然教育"的教育哲学,学校梳理现有课程,建构学校课程框架,丰富学校课程体系,满足儿童多样的发展需求,将"芙蓉美课程"分为六大板块课程。

一、学校课程结构

"芙蓉美课程"包含"天然之语、天然之智、天然之创、天然之美、天然之健、天然之心"六大课程领域,这六个方面的课程相互融合,建设天然的知识情境,共同促进学生全面发展。(见图7-1)

六大类课程板块内涵具体如下:

1. 天然之语课程指向语言与表达领域,涉及语文、英语学科,包含醇美识字、醇美阅读、醇美写作、醇美交际、醇美体验、字母家族、唱跳英语童谣、单词拼拼拼、组合音家族、英语趣配音、Lapbook折叠书等特色课程。

2. 天然之智课程指向逻辑与思维领域,涉及数学学科,包含益智运算、益智图形、益智统计、益智实践等特色课程。

3. 天然之创课程指向科学与探索领域,涉及科学、信息技术学科,包含磁性科学、我是椅子设计师、编程、3D打印、乐高机器人等特色课程。

4. 天然之健课程指向运动与健康领域,涉及体育、心理健康学科,包含小篮球游戏、小足球游戏、体能练习、心乐园等特色课程。

5. 天然之美课程指向艺术与审美领域,涉及美术、音乐学科,包含奏响音符、乐之初享、点线创想、趣味黏土、雅韵葫芦丝、晨韵合唱、初遇钩编、线描手绘等特色课程。

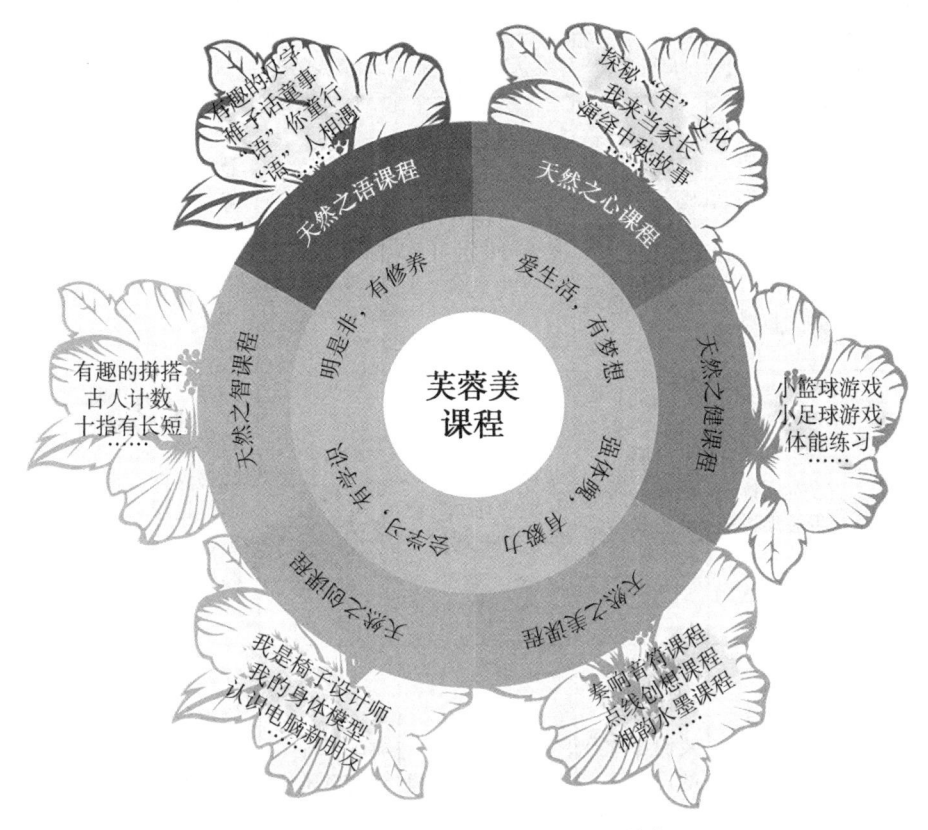

图 7-1 仰天湖中建小学"芙蓉美课程"结构图

6. 天然之心课程指向自我与社会领域,涉及道德与法治、综合实践等学科,包含知书达礼、习近平新时代中国特色社会主义思想读本、三礼五节等特色课程。

二、学校课程设置

根据国家基础课程安排,结合现有课程资源,学校遵循"横向连接、纵向贯通"的原则,按年级水平对课程内容进行系统建构,形成了"芙蓉美课程"六大领域课程的具体框架。我校"芙蓉美课程"一至六年级十二个学期的课程设置如下。(见表7-2)

表7-2 仰天湖中建小学"芙蓉美课程"设置表

年级		天然之语	天然之智	天然之创	天然之美	天然之健	天然之心
一年级	上学期	拼音王国 美创日记 绘本阅读 听故事讲故事 感受自然	奇妙的数字画 有趣的拼搭 勇闯迷宫 一天作息表	多彩植物——捡拾落叶制作叶画	奏响音符 乐之初享 舞动音乐 点线乐趣	越跳越快 轻物掷远 追风足球 走近篮球 心乐园	认识自我
	下学期	有趣的汉字 美创日记 绘本阅读 听故事讲故事 感受自然	逛三园 玩转七巧板 分类我最强 数学小超市	动物乐园——我与动物有个约会 神奇的七巧板	奏响音符 乐之初享 舞动音乐 点线乐趣	越跳越快 轻物掷远 追风足球 走近篮球 心乐园	认识自我
二年级	上学期	识字大王 童话阅读 续写童话 说说有趣的动物 家乡美景我来荐	加法游戏 我们身体上的尺 分类与整理 数学连环画	我是椅子设计师	舞动音符 玩转口风琴 灵感剧场	快乐奔跑 趣味体能 追风足球 走近篮球 心乐园	学会学习
	下学期	书写大比拼 童诗阅读 童诗创编 畅谈童年梦想 家乡美食我来宣	数万颗豆 美妙的对称图形 我是小小统计员 年货狂欢节	神奇的身体	舞动音符 玩转口风琴 灵感剧场	快乐奔跑 趣味体能 追风足球 走近篮球 心乐园	学会学习
三年级	上学期	最美中国字 童话阅读 创编童话 名字里的故事	倍的威力 变化莫测的周长 重复的数据 身边的密码	认识电脑新朋友	雅韵葫芦丝 晨韵合唱 手绘线描	花毽飞舞 绳采飞扬 足球高手 健美篮球 心乐园	人际交往

续表

年级		天然之语	天然之智	天然之创	天然之美	天然之健	天然之心
		推荐我的家乡 字母家族					
	下学期	最美中国字 寓言阅读 创想作文 推荐春游好去处 探究传统节日习俗 唱跳英语童谣	除法数字谜 地图寻宝 有趣的统计 年月日知多少	信息初启蒙（直线和曲线工具的运用） 疯狂过山车 直线运动和曲线运动	雅韵葫芦丝 晨韵合唱 手绘线描	花毽飞舞 绳采飞扬 足球高手 健美篮球 心乐园	人际交往
四年级	上学期	情境识字 神话阅读 随文微写 礼貌用语 神话之奇 单词拼拼拼	简单的周期 神奇的莫比乌斯环 生活中的条形统计图 度量衡的故事	运动和力——制作创意小车	临风口琴 舞韵飞扬 晨韵合唱 民间创意	小旋风 大力实心球 足球高手 健美篮球 心乐园	情绪调适
	下学期	情境识字 诗歌阅读 随文微写 日常生活 诗歌之美 组合音家族	昂贵的小数点 多边形内角和 移多补少的平均数 营养午餐	植物的奥秘——种植并观察一种植物	临风口琴 舞韵飞扬 晨韵合唱 民间创意	小旋风 大力实心球 足球高手 健美篮球 心乐园	情绪调适
五年级	上学期	遨游汉字王国 民间故事阅读 改编民间故事 民间谚语 故事大王 英语趣配音	生活中的坐标图 钉子板上的多边形 彩票中的学问 有趣的循环现象	纸质模型制作 航模制作	走进传统 晨韵合唱 寻美之旅	越跳越远 花样跳绳 足球健将 灌篮高手 心乐园	生活和社会适应

续表

年级		天然之语	天然之智	天然之创	天然之美	天然之健	天然之心
六年级	下学期	遨游汉字王国 阅读古典名著 品评古典名著 走进他们的童年 穿越时空对话经典 英语趣配音	数学大富翁 建筑中的数学美 生活中的折线统计图 怎样通知最快	感受生命变化 海模制作——制作船 规划出行路线	走进传统 晨韵合唱 寻美之旅	越跳越远 花样跳绳 足球健将 灌篮高手 心乐园	生活和社会适应
	上学期	汉字变形记 品读鲁迅文集 笔尖流出的故事 生活里的演讲艺术 逛逛老玩具大院 Lapbook折叠书	树叶中的比图形中的数学 黄豆的发芽率 节约用水	纸质模型制作 航模制作	品味乡音 传承民族经典 晨韵合唱 巧绘成长	翻滚体操 神投手 足球健将 灌篮高手 心乐园	升学生涯规划
	下学期	汉字变形记 漫步世界名著花园 插上科学的翅膀飞 辩论对对碰 你好，毕业季！ Lapbook折叠书	高利贷的陷阱 图形变变变 正反比例有妙招 自行车里的数学	探索浩瀚宇宙星河 设置游戏规则	品味乡音 传承民族经典 晨韵合唱 巧绘成长	翻滚体操 神投手 足球健将 灌篮高手 心乐园	升学生涯规划

第四节　熠熠芙蓉齐绽放

"芙蓉美课程"顺应孩子天性成长,致力于寻找课程开发与儿童需求的契合点,为孩子们创设生活化的真实情境,让每一个儿童全面而有个性地生长。学校践行"出于天然,呵护天真,守望天成"的核心理念,通过建构"天然课堂",建设"天然学科",创设"天然社团",开展"天然之旅",激活"天然校园",走进"天然田园",创意"天然探究",评选"天然之星",优化"天然节日",倡导每一个儿童做芙蓉般纯粹的人。

一、建构"天然课堂",提升课程实施品质

"天然课堂"重视的是学生心灵的舒展与自由,关注的是教与学的丰富与多维。课堂,是师生之间的平等对话与交流,是师生、生生之间思维的碰撞。我们的"天然课堂"从儿童的认知特点出发,以生命的成长为根本,让学习回归儿童真实的生活情境,以实现学生乐学与教师乐教的统一。教师在"天然课堂"上理解学生、研究学生,学生在课堂上探索学习的奥秘,享受学习的乐趣,师生共享"天然课堂"。

"天然课堂"是理念开放的课堂。教师在课堂上将更多的学习主动权交给学生,学生可以在课堂上大胆发出自己的声音,可以选择用自己喜欢的方式参与学习活动,以形成"朵朵芙蓉,竞相开放"的课堂生态。

"天然课堂"是实现学生自主发展的课堂。课堂回归教育规律,回归孩子立场,学生更新学习方式,走向深度学习,构建自主课堂。

"天然课堂"是追求真实学习过程的课堂。课堂创设真实的学习情境,学生运用知识解决具体问题,收获真实的学习体验。

"天然课堂"是注重多维评价的课堂。教师遵循教育本质和规律,尊重学生差异,发现每个孩子的闪光点,激发每个孩子的潜能,通过多维评价推动学生实现健

康成长。

二、建设"天然学科",丰富学科特色课程

根据《义务教育课程方案(2022年版)》要求,依据学生年龄特点,各学科课程在深度、广度和学科整合上进行二次开发,融入社会资源,结合学校办学特色,力求每个学科呈现蓬勃的活力,创建学科特色,实现学科素养的真正落地,推进学科特色课程建设。

"天然学科"以国家课程为主体,奠定共同基础;以地方课程和校本课程、课后服务课程为拓展补充,兼顾差异,丰富学科特色课程;基于儿童成长需要,以核心素养为导向,自主开发适合学生健康、个性、全面发展的学科课程。

1. "醇美语文"。"醇美"是学校语文课程的核心精神,用美的精神去打造语文学习场域。"醇美语文"是感受美的语文,它亲近学生的生命感受;"醇美语文"是发现美的语文,它促进学生形成健康的审美意识;"醇美语文"是创造美的语文,它提高学生语言文字的运用能力。

我们以"天然"为始,引领学生自然成长,以"醇美"为终,落实学生的核心素养。《义务教育语文课程标准(2022年版)》从"识字与写字""阅读与鉴赏""表达与交流""梳理与探究"四个维度设定了各个学段的具体要求。结合学校课程建设目标,我们将"醇美语文"分为"醇美识字""醇美阅读""醇美写作""醇美交际""醇美体验"五大板块。我们通过追溯字源、趣味识字、汉字故事、规范书写、书法展示等活动,带动学生热爱祖国语言文字,感受汉字的魅力。通过绘本阅读美创、班级共读、讲故事、演故事、阅读沙龙、阅读摘抄、绘制思维导图等形式,让孩子爱上阅读,敢于交流,独立思考。通过美创日记、创编童诗、续写故事、改编故事、品评名著等形式,鼓励学生敢于写作,热爱写作。通过推荐家乡美景和美食、探究传统节日习俗、故事大王评比、对话经典、逛老玩具大院、毕业主题探究等形式,鼓励学生发现美、感受美,在探究活动中提升语文核心素养能力。

2. "智慧数学"。数学蕴藏着一种至简至和的智慧,一种至真至通的智慧,一种创造探索的智慧,小学数学的学习应是智慧的生长。"智慧数学"课程群是基于数学学科基础知识开发的,发挥学生的主观能动性和聪明才智,学生通过学习数学知

识与技能会用数学的眼光观察世界、会用数学的思维思考现实世界、会用数学的语言表达现实世界的系列拓展课程。

除基础课程外,我校根据《义务教育数学课程标准(2022年版)》,结合小学生的身心特点、学生特质及校园文化氛围,围绕"数与代数""图形与几何""统计与概率""综合与实践"四个领域,分别设置"益智运算""益智图形""益智统计""益智实践"四大课程。课程融会贯穿于六年的小学数学学习中。

"益智运算"课程包括奇妙的数字画、数万颗豆、倍的威力、数学大富翁、高利贷的陷阱等,发展学生的数感、量感以及运算能力;"益智图形"课程包括有趣的拼搭、玩转七巧板、我们身体上的尺、美妙的对称图形、变化莫测的周长等,发展学生的空间观念,让学生感受数学几何之美;"益智统计"课程包括勇闯迷宫、分类我最强、移多补少的平均数、彩票中的学问、正反比例有妙招等,让学生体会统计在现实生活中的作用和意义;"益智实践"课程包括数学小超市、年货狂欢节、身边的密码、年月日知多少、有趣的循环现象等,让学生积累活动经验,体会数学的作用,体验数学美。

3. "原味英语"。基于《义务教育英语课程标准(2022年版)》的核心素养要求,英语学科核心素养的内涵可以总结为语言能力、思维品质、文化意识、学习能力和情感态度。"原味英语"包括字母家族、唱跳英语童谣、单词拼拼拼、英语趣配音、组合音家族、绘本阅读、Lapbook折叠书七大特色课程,多渠道挖掘和提升学生言语能力,促使学生敢于表达、乐于表达、自信地表达。

"原味英语"根据不同年级学情设置了不同特色的课程群:三年级主要着眼于二十六个字母这一基础,激发学生学习英语兴趣,开设了字母家族、唱跳英语童谣课程;四年级更重视情境教学,主要培养学生单词拼写与拼读能力,让学生在真实、有意义的语境中运用语言,特色课程为组合音家族和英语趣配音;五年级鼓励孩子进行绘本阅读,利用完整语篇让学生大量输入,特色课程为单词拼拼拼和绘本阅读;六年级的特色课程Lapbook折叠书,则考虑培养孩子的综合能力如资料收集、主动思考、合作探究等。

4. "磁性科学"。依据《义务教育科学课程标准(2022年版)》,结合学校课程建设目标,我们从科学观念、科学思维、探究实践、态度责任四个方面,培养学生的核心素养。

"磁性科学"课程群从四个方面入手,分为"魅力生命""奇妙物质""创意制作"

"智慧信息"四个部分。"魅力生命"包含多彩植物、动物乐园、植物的奥秘、感受生命变化等特色课程;"奇妙物质"包含发现物体的特征、运动和力、神奇的身体、探索浩瀚宇宙星河等特色课程;"创意制作"包含我是椅子设计师、疯狂过山车、纸质模型制作、航模制作、海模制作、小小工程师等特色课程;"智慧信息"包含认识电脑新朋友、信息初启蒙、规划出行路线、设置游戏规则等特色课程。我们根据学习主题开展相关学习活动,丰富且有趣的课程内容刺激学生带着好奇心探究身边的科学。

5. "开心体育"。"开心体育"依据《义务教育体育与健康课程标准(2022年版)》,结合学校课程建设目标,坚持健康第一的指导思想,以身体练习为主要手段,以体育健康知识、技能和方法为主要学习内容,以发展学生核心素养和增强学生身心健康为主要目的。通过课程学习,学生逐步养成正确价值观、必备品格和关键能力,包括运动能力、健康行为和体育品德等方面。

学校坚持落实"教会、勤练、常赛",注重教学方式改革,将"开心体育"课程群分为"开心田径""开心强体""开心足球""开心篮球"四个部分。"开心田径"包含越跳越快、快乐奔跑、花毽飞舞、小旋风、越跳越远、翻滚体操六个特色课程;"开心强体"包含轻物掷远、趣味体能、绳采飞扬、大力实心球、花样跳绳、神投手六个特色课程;"开心足球"课程包含追风足球、足球高手、足球健将三个特色课程;"开心篮球"课程包含走近篮球、健美篮球、灌篮高手三个特色课程。

6. "畅游音乐"。依据《义务教育艺术课程标准(2022年版)》,结合学校课程建设目标,我们坚持以美育人,聚焦"审美感知、艺术表现、创意实践、文化理解"的核心素养,引导学生感受美、欣赏美、表现美、创造美,提高音乐文化素养,丰富情感体验,陶冶高尚情操。我们将"畅游音乐"课程群分为"乐之感知""乐之演奏""乐之歌唱""乐之鉴赏"四个特色课程。

其中,一、二年级设置奏响音符、乐之初享、舞动音乐三个特色课程;三、四、五年级设置雅韵葫芦丝、临风口琴、晨韵合唱、走进传统四个特色课程;六年级设置"品味乡音　传承民族经典"、晨韵合唱两个特色课程。

7. "创意美术"。"创意美术"课程引领学生在健康向上的审美实践中感知、体验和理解艺术,逐步提高学生感受美、欣赏美、表现美、创造美的能力。课程坚持以美育人,充分发挥艺术课程在培养学生审美和人文素养中的重要作用。重视艺术体验,强调艺术课程的实践导向,学生在艺术体验为核心的多样化实践中,提高艺术素养和创造能力。突出课程的综合性,重视艺术与其他学科的联系,充分发挥协同育人功能,促进学生身心健康全面发展。

创意美术设置了"点线乐趣""灵感剧场""手绘线描""民间创意""寻美之旅""巧绘成长"六大课程。"点线乐趣"分为点线面、趣味撕纸、趣味黏土。"灵感剧场"分为巧添画、蹦蹦跳跳、体验剪纸。"手绘线描"分为线描画、感受艺术、走近水墨。"民间创意"分为线描画、感受艺术、走近水墨。"寻美之旅"分为玩摄影、水墨花鸟、火土艺术。"巧绘成长"分为品传统、版面设计、成长记录册。

8."心乐园"。"心乐园"的课程名称赋予心理课程更多的情感色彩和寓意。"心"字代表着这个课程关注的是学生的心灵成长和精神层面的发展。通过学习心理学知识,学生能够更好地理解自己的情绪、思维和行为,从而更好地应对生活中的挑战和困难。而"乐园"一词则代表着这个课程充满了乐趣和活力,心理课不应该只是理论和概念,而应该是一种有趣的探索和体验。

"心乐园"心理课程分为"认识自我""学会学习""人际交往""情绪调适""生活和社会适应"和"升学择业"六大类别。学校通过开展不完美也是一种美、自我探索之旅、注意力的奥妙、时间管理大师、学会沟通、做情绪的主人、学会拒绝、我的兴趣爱好等特色活动,结合"5·25"和"10·10"心理活动周,关注学生的心理素质,激发学生的心理潜能。我们希望在"心乐园"心理课程中,学生能够在轻松愉快的环境中学习心理知识,享受探索心灵世界的乐趣,成为更好的自己。

我们根据"天然学科"的内涵从课程纲要、教学方案、课程实施和课程效果四个方面制定评价标准,形成具有学科特色的"天然学科"课程,促进学校各类学科持续性、融合性发展。学科课程除落实国家课程之外,应以学生发展需求为主,增加拓展类和跨学科综合类课程,始终保持课程内容的丰富多彩,为每一个学生的发展搭建平台。

三、创设"天然社团",落实兴趣爱好课程

社团活动是学校课堂教学的延伸性活动,既可以丰富学生的课余生活,也可以为学生提供自主发展的空间。"天然社团"以具有思想性、艺术性、知识性、趣味性、多样性的活动吸引学生积极参与。

"天然社团"关注学生的天性成长需求，促成学生个性的生长，为每个孩子提供展现天性的课程体验。学校依据学生综合素养能力，广泛调查学生兴趣，充分挖掘学生潜能，开设快乐艺术类、身心健康类、思维表达类和信息科技类社团。社团涉及面广泛，内容丰富多彩，它对启迪学生的智慧、开阔学生的视野、优化个性人格等都具有积极的影响。快乐艺术类社团包括合唱、街舞、啦啦操队、快乐涂鸦、特色钩编、创意美术、画间拾趣、口风琴、舞动精灵，通过各种艺术社团，助力学生艺术核心素养的培育，提高学生艺术审美能力，浸润学生美好心灵。身心健康类社团包括阳光小屋、乒乓小将、排球校队、绘本欣赏、篮球游戏、快乐足球，通过交流与锻炼，促进学生身心健康发展。思维表达类社团包括数学游戏、阅读美创、小主持人，通过社团学习，学生能形成良好的创造思维及阅读表达能力，提高综合能力。信息科技类社团包括科技模型、科技小实验、计算机、3D打印、信息奥赛、乐高积木，倡导"做中学"，力求在课堂中拓宽学生的科学视野，提高学生的动手能力和表达能力。

"天然社团"立足学校实际，结合学生学情，发挥教师特长引领，保障学生的自主性，提高学生的积极性，鼓励学生的创造性，力求活动的成效性，真正把社团办成学生喜爱的乐园。学校从社团筹备、活动过程的监测、活动效果的多元化评估以及特色创新等方面，全方位、多角度促进社团发展和学生进步，使社团活动成为学校品牌的亮丽窗口。

四、开展"天然之旅"，落实研学旅行课程

"天然之旅"课程是综合语文、数学、科学、综合实践和爱国主义教育等内容的融合课程。学校倡导集社会调查、参观访问、亲身体验、资料搜集、集体活动、同伴互助、成果总结等于一体的社会综合性学习形式，让学生实现游中有学、行中有思。

"天然之旅"课程实施以年级为单位，整合各学科课程资源、实践基地和各类场馆等资源，利用校本课程时间和节假日开展校内外活动。教师根据学科课程标准、学生实际情况提前设计研学手册，学生在实地研学时，完成研学手册，形成研学报告。

"天然之旅"课程实施评价主要包括学生的学习和研学活动的组织两个方面。学生学习的评价内容包含知识评价、素质能力评价、情感评价以及价值观评价四个

维度，从学生学习的角度评价研学课程的实施成效。而研学活动的组织评价，则指向研学活动是否得以顺利实施、研学活动实施中所遇到的问题、研学活动实施整体成效三个方面。

五、激活"天然校园"，开发环境隐性课程

校园环境文化是学校隐性课程，具有特殊、潜在的教育功能。"天然校园"是安全、宜人、浸润和融创的校园，承载着学校文化的精神内涵，是彰显师生生命天然纯粹的生命场。

1. 匠心设计，处处皆是教育阵地。学校始终坚持把天然教育元素巧妙融入校园环境设计中。知行楼、雅行楼、敏行楼和健行楼四栋楼主题文化区分明显，一栋一主题，旨在打造受学生欢迎的校园。天然集市、四时田园、笑脸墙、君子林、心灵氧吧、科创教室、童绘馆……一树一花，一亭一廊，每一间舒心的教室，都给予孩子润物无声的最好教育影响。

2. 用心雕琢，细节缔造学校文化。关注每一个细节，把每一个角落都打造成浸润孩子心灵的文化空间。学校建设始终保证每年至少有一处新的变化，保持校园天然品质。我们让学生为亭楼题字，为劳动基地取名投票，让每一个学生成为学校的小主人，他们参与的每一处细节都彰显天然教育。

3. 营造浓郁氛围，建设书香校园。每栋教学楼都设有温馨的流动图书角，童书馆、班级图书角、楼道图书角书籍定期更新，还引进长沙市流动图书馆资源，建设区内校园首个市图书馆流动点，丰盈学生和教师的阅读资源。每天开设午间阅读课程，周末、节假日为学生义务开放童书馆，每年四月举办一场声势浩大的读书节，充分展示学生阅读成果。

4. 借力现代技术，构建智慧校园。目前我校智慧校园创建正在稳步展开，也正着力寻找数字化转型的新突破口。无线网络全区域覆盖、引进智能化的教研系统、开展智慧平板教学，形成智能化、集成化的校园管理和效能化的教育教学服务，促进现代技术与教育教学的深度融合。

"天然校园"评价内容包括自然生态、人文主题、安全规划、制度管理和融创元素等五个方面，要求人文主题景观与自然生态环境相协调，安全规划与制度管理相

统一,功能需求与融创元素相契合,不断扩大"天然校园"创建和"天然教育"推广的影响。

六、走进"天然田园",落实劳动教育课程

根据《义务教育劳动课程标准(2022年版)》要求,劳动课程以丰富开放的劳动项目为载体,有目的地组织学生参加劳动,让学生动手实践、出力流汗,接受锻炼、磨炼意志。学校开辟了近千平方米的"天然田园"劳动基地,为培养学生正确的劳动价值观和劳动品质提供了良好的条件保障。

"天然田园"课程的主要内容为农耕的理论知识学习和实践操作,以家庭、学校、社会相结合的形式进行。校内主要是在专业教师的指导下,以班级为单位进行植物种植活动,如翻地、播种、浇水、施肥、除虫、采摘等;社会层面主要是组织学生前往校外劳动实践基地进行实践、拓展。学生利用劳动课、节假日,在教师、家长的指导下,开展日常劳动。如教师指导学生种植棉花,课前学生收集种植资料,在"天然田园"播种棉花、观察生长记录;课中学生定期为棉花浇水、施肥、除虫,到棉花成熟时,学生自己采摘、剥棉、纺线、织布、染色;课后,教师整合学科资源,学生根据数学课所学的图片组合规律,以祖母格的形式进行钩编创作,习作创编课上通过四宫格图画配上文字或以摘棉花为主题写成一篇篇叙事日记。这样的"天然田园"课程内容多元、立体,学生劳动兴趣渐浓。

"天然田园"在课程资源开发、课程内容设计及课程实施等方面都需要来自各方的支持和参与。因此,我们建立了多主体结合的评价方式,包括自我评价、组内评价、教师评价及家长评价在内的四大主体评价模式。

七、创意"天然探究",做好项目学习课程

《义务教育课程方案(2022年版)》强调课程内容与社会生活、学生经验的联系,强化各学科知识整合,融贯各学科的思想方法,强调通过探究的方式解决现实生活中的问题,促进学生解决实际问题和勇于创新等综合能力提升。学校以项目学习为抓手,创意实施"天然探究"课程。

"天然探究"课程在实施过程中强调统筹校内外教育教学资源,积极将学校办学理念、原则要求转化为具体育人实践活动。我们从教师、学生两个层面,创意开展"天然探究"课程。

根据学科素养要求,教师设置驱动性学习任务,基于学情、基于主题任务、基于教材设计活动主题,夯实活动深度。教研组跨学科进行集体备课、研讨,使核心素养、课程内容等保持较好的一致性。注重引导学生参与探究活动,经历发现问题、解决问题、建构知识、运用知识的过程,加强知识与学生经验、现实生活、社会实践之间的联系。以核心素养为导向,构建活动评价框架,采取多样化评价方式,注重动手操作、作品展示、口头报告等多种方式的综合运用,关注典型行为表现,推进表现性评价。鼓励学生进行自我评价、生生互评,并运用评价结果开展自我反思,将所学内化为真实素养。

学生根据真实学习任务,在学习中发现问题,产生研究主题。学生根据共同或相近的研究主题,形成小组,组建学习共同体。在活动的实施阶段,关注学生组织合作的能力。组内学生制定研究计划,明确小组分工任务,查找资料,开启项目活动。在实施过程中,学生自主探究、分工合作,在真实的情境任务中,解决问题,及时反思调整,形成本组研究内容。学生根据研究主题,逐步解决问题,形成本组研究成果,并丰富成果展示形式,激发学生的创造性和表现性。学生在研究过程中,明确学习目标,根据老师提供的评价标准进行团队监控管理、自我调节学习,激发学习兴趣,成为自己学习的主人。

"天然探究"课程采取多样化的评价方式,注重动手操作、作品展示、口头报告等多种方式的综合运用,突出评价对于学生在项目学习中发展核心素养的价值,肯定学生在项目学习过程中问题解决策略多样性,鼓励学生在项目学习过程中能够运用自我评价、生生互评等多维评价方式。

八、评选"天然之星",落实个性特长课程

学校以个体纵向比较为基础,关注学生个体不同时期的变化,创设交流、展示、比赛等平台,落实"天然之星"课程,通过评选"天然之星",促进学生个性特长发展。

学校从一到六年级设置了"天然之星"课程,具体包括健康之乐、艺术之美、服

务之心三个方面。学校利用大课间、阳光体育锻炼、校园节足球、篮球文化节等多种形式,促进各项体育运动发展,营造氛围,培育体育文化。鼓励学生积极参与"三独"比赛、艺术展演、校园达人秀等活动,感受艺术创造的乐趣,获得美的体验。同时提倡学生参与各类社会实践、志愿服务活动。在这些活动中,学生能够服务他人,奉献爱心,传播文明,促进和谐校园、家园,助力社会发展。

为此,学校制定《芙蓉少年评价手册》,每年对全校学生进行一次"体艺2+1"认定。考核组由专任教师、家长代表、学生代表组成,每项技能设优秀、良好、合格三个达标等级,并列出相应的指标。通过设计考评认定,学生及时发现自己的不足,积极寻求专任教师的个性化帮助,提升艺体技能。依托技能认定活动,学生主动展示自己,提升技能水平,促进个性特长发展。

九、优化"天然节日",浓郁课程实施氛围

节日是文化身份认同的重要载体,参与节日就是建立文化认同的过程。优化实施"天然节日"是学校弘扬校园文化、浓郁课程实施氛围的有效途径。"天然节日"以节日为载体,开阔学生视野,展示学生特长,凝聚学生团结、感恩、向上、向善的精神力量,助力学生获得成长。

学校开展"三礼五节"主题活动。"三礼"即一年级蒙学礼、四年级十岁礼、六年级毕业礼。每一个学生在小学六年的学习阶段都要经历这"三礼"的洗礼,旨在凝聚学生团结、感恩、向上和向善的精神力量。蒙学礼的主题是"蒙学启智",一年级新生正衣冠、拜师恩、朱砂启智、开笔启蒙,以此方式开启儿童的小学生涯。十岁礼的主题为"遇见成长",十岁是成长过程中的一个站点,在每年的七月,四年级学生与家长一起徒步行走,到达目的地后父母为孩子颁发成长勋章,共同翻开人生新篇章。毕业礼的主题定位为"感恩·启程",每年六月,六年级学生进行研学活动,举办毕业典礼,尽情展示才艺。

"五节"是每学年都要如期举办的大型节日——读书节、劳动节、体育节、科技节、社团节,以节日为载体开阔学生视野,展示学生特长,丰富学生的校园生活。四月二十三日是世界读书日,为培养阅读兴趣,营造阅读氛围,促进书香校园的建设,学校在每年四月会举行读书节活动,与传统节日结合,举办各种学生喜闻乐见的体

验活动,使阅读真正成为学生的自觉行为和生活需要。每年"五一"劳动节,面向全校学生,举办以"风采绽放"为主题的劳动节活动。为落实"五育"并举,活跃校园文化,提升学生综合素养,促进学生全面发展,每年十月举办以"悦动精彩"为主题的体育节,面向全校学生。每年十一月,学校面向全体学生开展以"科技赋能筑梦"为主题的科技节活动,手脑双全,培养学生科学知识的运用与创新能力,提高学生的动手能力。每年十二月,学校面向全体学生开展以"缤纷童年"为主题的社团节活动,社团是校园文化的缩影,是学校育人的窗口,更为学生提供了展示才艺的舞台,丰富学生的校园生活。

学校根据不同年段学生的差异,结合课程目标,从感知与认识、理解与体验、欣赏与评析、拓展与创作四个维度,制定总体的评价指标,确定具体的评价项目。

综上所述,学校秉承"天然教育"理念,围绕"儿童成长"这一核心要义,顺应《义务教育课程方案(2022年版)》要求,创设课程情境与真实生活相联,拓宽课程实施路径,更新评价观念,促进学生全面而有个性的发展,推动学校教育健康有序发展。

后 记

2014年,教育部印发的《关于全面深化课程改革 落实立德树人根本任务的意见》提出要"基本形成多方参与、齐心协力、互相配合的育人工作格局"。2017年,中共中央办公厅、国务院办公厅印发的《关于深化教育体制机制改革的意见》指出,到2020年,政府依法宏观管理、学校依法自主办学、社会有序参与、各方合力推进的格局更加完善,为发展具有中国特色、世界水平的现代教育提供制度支撑。从国家、地方、学校三级课程管理到政府、学校、社会、家长及各利益相关者共同参与的育人格局,体现了从国家对课程直接管理到多主体协商共同治理的变化。2022年,《义务教育课程方案和课程标准(2022年版)》颁布,提出要聚焦中国学生发展核心素养,培养学生适应未来发展的正确价值观、必备品格和关键能力。

仰天湖教育集团从2018年正式成立至今,已经走过了五年的集团办学历程。团队凝心聚力,砥砺前行。从"知识核心"时代走向"素养核心"时代,从国家、地方、学校三级课程管理的落地到学校主导下的家庭、社会、学校课程治理的实施,从保质保量开齐开足国家课程到自主进行课程规划实施,从各校独自摸索到集团共享式治理,集团课程改革不断向更远更深处推进。

集团内各所学校遵循"给学生最美好的童年,给人生最坚实的起步"的办学总目标,切实减轻学生的课业负担,满足学生个性化和高质量发展需求。各学校校史校情虽各有不同,但都把培根铸魂、启智增慧的课程治理摆在首位。仰天湖教育集团《共享式课程治理:集团化办学的课程治理方略》一书既是凝聚了集团办学智慧与汗水的结晶,也是彰显教师个性与才华的印记。难能可贵的是,七所学校的课程治理虽一脉相承,彼此相融,却又一校一案,充分体现了仰天湖教育集团吐故纳新、兼容并蓄、开放创新、与时俱进的和谐生态与奋进之姿。五年的不断求索,提升了每所学校的课程理念与教育素养,促进了教师的专业发展,提升了学校的办学品质。云朵推动着云朵，碧波荡漾着碧波。在仰天湖的天光云影里，课程赋予每个人成长的动力，鼓起前行的风帆。

感谢上海市教育科学研究院杨四耕教授的专业引领与耐心指导。在集团化办学课程推进遭遇瓶颈与困境的时刻，杨教授的点拨总能一语中的，拨云见日，令大家受益良多。

感谢天心区教育局党委书记、局长张伟女士及教育局领导干部的大力支持。他们是团队全力以赴、坚持不懈的动力之源，他们"为天地立心"的教育精神影响了此书的风格。

感谢仰天湖教育集团课程研究院雷明院长策划统筹、沟通衔接，带领刘勤副院长组织集团各校课程研究骨干教师团队通力合作、高效撰稿。他们的默默付出与不计得失让这项艰巨的挑战完成得如此顺畅，他们严谨认真与求真务实的态度奠定了此书的品质。

感谢集团各位校长的引领支持与精诚团结，还有所有关注、支持此书编撰的幕后英雄。

道阻且长，行则将至；行而不辍，未来可期。此书的面世汇聚了仰天湖教育集团成立五年来的各美其美、美美与共，见证了仰天湖教育集团课程治理的朝气蓬勃、欣欣向荣，彰显了"春湖戏水，仰天放歌"的教育新生态。我们将以更开放的心态，更科学的方式，更勇敢的探索，吸纳更多同仁的智慧与力量，一起向未来。

2023 年 12 月 20 日